罗平汉　主编

WOMEN XINZHONG DE
XIANDAIHUA

我们心中的
现代化
MODERNIZE

SPM
南方传媒　广东人民出版社
·广州·

图书在版编目（CIP）数据

我们心中的现代化 / 罗平汉主编. —广州：广东人民出版社，2023.5
ISBN 978-7-218-15949-2

Ⅰ.①我… Ⅱ.①罗… Ⅲ.①现代化建设—研究—中国 Ⅳ.①D61

中国版本图书馆CIP数据核字（2022）第165265号

WOMEN XINZHONG DE XIANDAIHUA

我 们 心 中 的 现 代 化

罗平汉　主编

出 版 人：肖风华

出版统筹：钟永宁　卢雪华
策划编辑：曾玉寒
责任编辑：伍茗欣　廖智聪
装帧设计：河马设计
责任技编：吴彦斌　周星奎

出版发行：广东人民出版社
地　　址：广州市越秀区大沙头四马路10号（邮政编码：510199）
电　　话：（020）85716809（总编室）
传　　真：（020）83289585
网　　址：http://www.gdpph.com
印　　刷：广州市岭美文化科技有限公司
开　　本：787 mm × 1092 mm　1/16
印　　张：12.75　字　　数：180千
版　　次：2023年5月第1版
印　　次：2023年5月第1次印刷
定　　价：50.00元

如发现印装质量问题，影响阅读，请与出版社（020-85716849）联系调换。
售书热线：020-85716833

前　言

习近平总书记在党的二十大报告中庄严宣示："从现在起，中国共产党的中心任务就是团结带领全国各族人民全面建成社会主义现代化强国、实现第二个百年奋斗目标，以中国式现代化全面推进中华民族伟大复兴。"

现代化是一个包括经济、政治、文化、社会、生态环境等在内的综合发展进程。中国式现代化，是中国共产党领导的社会主义现代化，既有各国现代化的共同特征，更有基于自己国情的中国特色。中国式现代化是人口规模巨大的现代化，是全体人民共同富裕的现代化，是物质文明和精神文明相协调的现代化，是人与自然和谐共生的现代化，是走和平发展道路的现代化。中国式现代化不是西方现代化的"翻版"，西方现代化以资本逻辑为核心的发展模式造成了不可调和的社会矛盾，造成贫富分化、阶层固化、生态危机等种种乱局。中国式现代化打破了"现代化=西方化"的迷思，不以牺牲生态环境为代价去换取一时的经济增长，不走物质主义膨胀的西方现代化老路，实现了对西方资本主义现代化的本质超越，证明人类对文明的探索将永远持续。

中国式现代化道路，坚持从国情出发、以解决现实问题为导向，同时以世界眼光和开放心态积极吸收借鉴一切有益经验，取得了举世瞩目的成就，是发展中国家独立自主走符合自己国情的现代化发展道路的成功典范。中国式现代化道路，着眼于推动物质文明、政治文明、精神文明、社会文明、生态文明协调发展，统筹推进"五位一体"总体布局，着力促进人的全面发展和社会的全面进步。

中国共产党带领中国人民对现代化的追求，通过不懈探索和艰苦奋斗，把一个积贫积弱、一穷二白的国家建设成为全面小康、繁荣富强的现代化国家。具体体现在五个方面：

经济上，发展是党执政兴国的第一要务，"富强"是民富与国强的统一。没有坚实的物质技术基础，就不可能全面建成社会主义现代化强国。我国经济发展在经历高速增长以后，已从中低收入阶段迈向高收入阶段，取得了经济持续发展的伟大成就。

政治上，我国基于国情发展全过程人民民主，全过程人民民主是最广泛、最真实、最管用的民主。发展全过程人民民主体现了中国式民主的伟大创造，不仅推动了自身发展，也为人类民主事业发展探索了新路径，丰富了人类政治文明形态。

社会上，中国式现代化建成了世界上规模最大的教育体系、社会保障体系、医疗卫生体系，人民群众的获得感、幸福感、安全感充分展现，共建共治共享的社会治理制度不断健全，与中国式现代化相适应的和谐社会成为现实。

文化上，中国式现代化呈现出鲜明的中国特色，彰显了中华优秀传统文化的基因与底色。中国式现代化植根于中华优秀传统文化，建设中国特色社会主义文化，是对中华优秀传统文化创造性转化和创新性发展的必然结果。

生态上，人不负青山，青山定不负人，"美丽中国"是社会主义现代化强国建设的重要目标。保护生态环境就是保护生产力，改善生态环境就是发展生产力。绿水青山就是金山银山，我们既要创造更多物质财富和精神财富以满足人民日益增长的美好生活需要，也要提供更多优质生态产品以满足人民日益增长的优美生态环境需要。

新时代，我们对美好生活的向往和对现代化的追求就是中国共产党矢志不渝的奋斗目标。中国共产党作为中国式现代化的领导力量，团结带领全国各族人民的中国式现代化实践有力地证明，中国式现代化走得通、行得稳，是中华民族伟大复兴的正确道路。

目　录

一、我们心中的经济现代化：
富强是现代化的追求

（一）带领乡亲们蹚出一条振兴路

📖 来龙去脉

没有农业农村现代化，就没有整个国家现代化。在乡村振兴的道路上，一个个扶贫干部远离家人、走进深山、走近群众，带领当地百姓蹚出一条振兴路。"金进扶贫到都匀，担当使命守初心！东奔西走为脱贫，田间地头说不停，匀山剑水留足迹，无私奉献为人民！"这是都匀少数民族同胞为扶贫干部金进编的一首山歌，也正是这位革命烈士后代，这位有着24年军旅生涯的老兵，在国家和老百姓需要之际，年近五十仍毅然投身脱贫攻坚的主战场……曾经有着多年扶贫经验的他深知，"现代化"对父老乡亲来说或许是个抽象的概念，只有让他们真真切切感受到日子越过越好，在辛勤劳动下实现脱贫致富奔小康，才是现代化最好的阐释。

脱下戎装又攻坚

1964年3月，金进出生于湖南长沙县开慧镇葛家山村。其爷爷金鹤钦在战火纷飞的年代创办农协会并积极开展武装斗争，为彭德怀领导的平江起义部队攻打长沙提供给养，1930年10月与毛泽东之妻杨开慧等革命先辈在对敌斗争中壮烈牺牲，年仅36岁。受祖辈影响，年仅17岁的金进应征入伍，从湘江河畔橘子洲头出发，先后辗转河北、北京、湖北、内蒙古、黑龙江、广州等驻地部队锤炼，24年的部队生涯练就了他不畏艰苦、敢于担当的性格。

2016年，中共中央办公厅、国务院办公厅印发《关于进一步加强东西部扶贫协作工作的指导意见》，明确广州市帮扶贵州省黔南布依族苗族自治州和毕节市。时任中共广州市黄埔区鱼珠街办事处工委委员、武装部长的金进主动报名，申请参加东西部扶贫协作和对口支援工作。对于这一决定，家人一开始是有着万般不解，认为金进年龄偏大，担心其在贫困地区条件艰苦，经过多次耐心细致的沟通，看着金进眼中的坚定，家人终于表示支持。

年过五十的金进，为什么还能进入扶贫队伍？据负责东西部对口帮扶的有关领导介绍，虽然金进年龄偏大，但他政治觉悟高、整体素养强，勇于担当、激情高涨，曾在梅州市丰顺县开展了三年的扶贫工作，具有丰富扶贫经验，决定特批他为都匀对口帮扶干部。从此，两江水相依、两地情相连。

一步一脚印，踏实走好扶贫路

"究竟什么原因致使都匀长期贫困？"金进到都匀市的第二天，就到市里最边远、最高寒、最贫困的海拔1860米的毛尖镇摆桑村，以及距离市区最远的归兰水族乡的极贫村翁奇村进行调查研究。他深知，只有深入基层一线，深入老百姓真真切切的日常生活，才能得到问题的答案。

"都匀市自身财力有限，基础设施及公共服务设施较为滞后；属于典型的喀斯特地貌，土地破碎化，种养殖业难以形成规模，带动能力不强；多数贫困村以传统农业为主，农业接二连三的效益，特别是茶旅融合的山地特色旅游业效益未能突显；部分少数民族贫困群众难以接受新思想、新事物，外出务工存在语言交流障碍；贫困群众离'我要脱贫'还有距离。"这是金进记在笔记本上的调研实情分析，这些实情研判分析为他日后开展东西部帮扶奠定了扎实的调研基础。

金进到都匀市仅一年时间，就走遍了都匀52个贫困村，有的少数民族聚居的贫困村寨在距离市区60多公里的大山深处，不论严寒酷暑，他一步一个脚印地走进深山、走进村寨，他的足迹已深深留在当地老百姓日复一日生活中。

发挥桥梁作用，以产业促发展

作为广东帮扶干部，金进在东西部扶贫协作和招商引资工作上费了不少工夫，积极引导广州企业参与都匀市资源开发，加强经济技术合作。

金进先后沟通协调广州、深圳、东莞、佛山、港澳台地区等70余家企业赴都匀考察调研，通过宣传都匀地理、交通、人文、生态优势，解读都匀招商优惠政策，寻求更多的合作机会和项目，成功引进多个东部相关企业签约产业合作项目，累计投资额近20亿元。

其中四个重大项目包括：广东海大集团投资3.8亿元建设平浪生态养殖项目；广东新农人农业科技股份有限公司投资2.1亿元建设墨冲农业科技产业园项目；广州三佑生物科技有限公司投资3亿元建设都匀大健康产业园项目；贵州峪丰源生态农业科技有限公司投资5500万元，在归兰乡合心村建设峪丰石蛙产业园项目。这些项目建成后，带动500多个合作社或家庭农场，帮助2000余户贫困户脱贫，促成3000多人就近就业。

都匀市归兰水族乡合兴村曾经是深度贫困地区，金进多次走访留意到，当地自然条件适合石蛙养殖，于是利用扶贫资金建设生态循环养殖基地，采购9000只种蛙，黄粉虫（饲料）2000斤，发放给168户贫困户602人饲养，由专业公司负责技术指导、管理及销售，并建立有效形成与精准扶贫相对接的利益联结机制，为当地贫困户带来可持续、可观的收入，确保全村脱贫。

每当说起都匀，金进便滔滔不绝地推介其优势特色，不仅以扶贫干部身份积极为都匀站台打广告做宣传，更像是都匀"土生土长"的本地人，对都匀的一切如数家珍，一言一语间尽是满满的自豪感。"开始不敢来，来了不想走，走了又想来，来了就不走。"他对都匀有着真切感受，"从畏惧到现在的流连忘返心态的转变，得益于都匀得天独厚的'天然氧吧'和'大空调'优势，以及优美的自然风光和热情好客的人文环境。都匀正是一座宜居、宜业、宜投资的活力城市，称之为一往'黔'行、终身'南'忘。"无论是企业还是当地群众，都称金进为名副其实的都匀的"金代言"。金进曾言，自己工作和生活过九个地方，其中印象最深的就是都匀，从地理位置、生态环境、空气水质、气候条件、风土人情等多方面来说，最宜居、宜住、宜游、宜兴业、宜康养的，也正是都匀。

正是金进锲而不舍的坚持，极大推动两地帮扶间的紧密联系，充分利用粤港澳大湾区名品联展会、广州民俗文化节等平台，发动都匀毛尖、匀酒、小引子巧克力、营养餐等20余家有品牌影响力的企业多次赴广州展览推销。其间沟通协调制定并落实了《黄埔区（广州经济开发区）东西部扶贫协作对口帮扶都匀市（2018—2020）三年行动方案》，确保东西部扶贫协作各项工作的有序推进。金进任都匀帮扶干部三年来，两地领导干部互访80批次628人次。

在得知广州市筹备建设粤港澳大湾区"菜篮子"工程信息后，金进及时奔走黔粤两地有关部门协调，成功将该信息平台配送中心设于黔南州都匀市。2019年5月，粤港澳大湾区"菜篮子"工程墨冲镇良田坝蔬菜示范基地正式启动。8月，以"锦绣黔南，黔货出山"为主题的黔南优质农特产品广州展销中心品鉴推介会在广州隆重举办，金进向现场1000多名嘉宾及企业界客商竭力推介都匀良好的区位优势、生态环境及发展潜力等，给酷暑的大湾区添上"一把火"，加深了广州市民对都匀的了解和认识。9月，粤港澳大湾区"菜篮子"信息平台正式启用，都匀市墨冲镇良亩大坝蔬菜生产基地被列为第二批粤港澳大湾区"菜篮子"生产基地，成为贵州省两大生产基地之首。

多年来，金进通过加强两地联络联系，开展绿博园建设和产业园发展深度合作，强化资金帮扶、产业帮扶、人才帮扶，构建"一联两园三帮"的工作体系，着力打造东西部扶贫协作的样板。

努力实现为人民创造美好生活的目标

长期以来，都匀交通闭塞、经济发展落后，住房、教育、医疗等基础民生服务得不到有效保障。金进努力尝试汇聚各方合力，广泛开展携手奔小康活动，以亲情结对、旅游互推、商业互惠为内容的街（镇）村结对、部门结对、企村结对的帮扶模式开展帮扶。发动和组织广州市黄埔区和海珠区46家机关企事业单位分别与都匀市33个街道或贫困村（其中深度贫困村30个）开展结对帮扶，实现深度贫困村结对帮扶全覆盖。同时发动"百企帮百村"，加大社会帮扶投入，广泛募集社会捐助资金，在资金使用上聚焦"两不愁""三保障"，如2018年投入100万元实施建档立卡贫困户危房改造，解决了60户贫困群众的住房安全问题。黄埔区结对帮扶都匀市学校45所（其中幼儿园4所），实现结对帮扶都匀市学校幼儿园全覆盖；黄埔区结对帮扶都匀市医院24家（其中基层医疗机构22家），实现都匀市基层医疗机构结对帮扶全覆盖。据不完全统计，黄埔区·广州开发区企业面向贫困劳动力提供就业岗位，吸纳贫困人口到广东地区就业354人；在都匀设立就业扶贫车间5个，吸纳贫困劳动力100多人。

"造血"比"输血"更为重要，有着多年扶贫经验的金进深知这一道理，要唤醒激发当地生产活力，人才是关键。在广泛争取资金和产业帮扶的同时，金进坚持开设多期"黄埔区·广州开发区对口帮扶黔南州领导干部能力提升专题培训班"，培训了近200名干部，成为都匀经济可持续发展的中坚力量。

"扶贫先扶智"，教育是都匀未来发展的重要保障。金进极力推动教育帮扶，沟通协调2名黄埔区优秀校长到都匀市挂职，现场带、实地教，开展两地幼儿园及学校结对活动，提升本地教育管理水平。积极动员和沟通协调民营企业捐赠，完成毛尖镇摆桑小学（幼儿园）新校后续建设，极大地改善了教师和学生的工作和就读环境。积极开展"扶贫济困红色育苗"助学公益活动，动员自己家人、亲朋好友及社会爱心人士自愿按月支付固定助学金，资助100名建档立卡贫困生完成学业，同时捐赠财物220多万元帮助山区学校改善办学条件。黄埔与都匀两地教育系统通过优势教育互补，缩小了教育差距。

截至2019年12月，都匀市52个贫困村全部出列（其中2019年出列13个贫困村），贫困人口14611户53115人实现脱贫（其中2019年减少贫困人口3307户8684人），贫困发生率从2014年的13.65%下降到0，实现贫困村全部出列、贫困人口全部脱贫目标。

金进，在都匀这个曾经经济发展极度落后的地方，开拓创新、脚踏实地地履行着东西部两地托付的责任与使命，引项目、筹资金，尽心尽力地开展帮扶工作，带领都匀百姓脱贫攻坚、走向振兴幸福的道路，被中共贵州省委、中共黔南州委、中共都匀市委授予"脱贫攻坚优秀共产党员"荣誉称号。

（资料来源：广东省乡村振兴局）

🔖 事中有道

脱贫向富，绘就新画卷

在脱贫攻坚的战场上，金进冲在一线，展现军人担当。要想实现都匀脱贫的目标，就必须找到都匀长期贫困的原因。金进在对都匀走访过程中，把脉问诊，发现由于基础设施落后、产业发展不强等原因，阻碍了都匀的脱贫摘帽进程。

金进深入基层，走遍了都匀，去到了最贫困的摆桑村和最远的翁奇村，急群众之所急，忧群众之所忧，为群众办实事、解难题，认真调研总结分析都匀脱贫攻坚现状和问题，突出问题导向，对症下药。没有到基层走一走，就看不到基础设施的落后，也看不到受制于地形地貌原因造成的土地破碎化，传统农业发展难以形成规模，农产品产量和质量难以保证，生活要想变好更不可能，这是都匀面临的基本困难，仅仅靠当地群众力量是很难将这些问题解决好的，只有在充分调查研究的基础上把脉问诊，才能定好盘子、理清路子、开对方子，精准发力，才能使扶贫扶到点上。

"扶智"是扶贫带给当地最大的受益，贫困群众的观念变了，精神面貌也为之一新，由曾经的"靠山吃山，靠水吃水"，难以接受新思想、新事物，到现在每个人将"我要脱贫"付诸行动；从过去不知"绿水青山就是金山银山"的理念，到现在积极主动地利用当地的特色资源、优美的自然风光、热情好客的人文环境以及少数民族特色风俗等优势来谋求经济效益。贫困地区的整体发展理念也变了，不再追求短期效应，而是立足当下，着眼长远，走可持续、绿色发展道路。

脱贫向富，要做到"扶贫、扶志、扶智"相结合，"授人以鱼"和"授人以渔"相结合，在提升显性福利的基础上，为贫困群体创造更为公平的发展机会。脱贫路上，金进用脚步丈量脚下的土地，用真心帮助都匀偏远地区的贫困群众，群众的安全感、幸福感、获得感得到有效提升，一幅幅美丽和谐的乡村振兴"新画卷"正在徐徐展开。

产业帮扶，乡村振兴的"加速器"

都匀的脱贫离不开产业的发展，产业扶贫是贫困地区内生发展活力和动力的"加速器"，是脱贫攻坚稳定和持续发展的根本路径。产业扶贫是增加贫困地区造血功能、帮助群众就地就业的长远之计。

脱贫之前的都匀没有主导产业，少数民族贫困群众劳动技能单一，收入微薄，大家都觉得日子没有奔头；农业发展滞后，丰富的自然资源未能有效形成促进经济发展的"助推器"，还成为自身发展的桎梏；地理环境造就的自然之美与当地的旅游产业发展不相匹配，面临发展窘境。金进认识到产业发展才是都匀脱贫的核心抓手。因此，聚力发展乡村富民产业，在深度贫困地区规划发展水产养殖，围绕建设生态循环养殖基地，发展石蛙养殖产业，为当地人提供了更多家门口就业的机会。

消费扶贫，是社会力量参与脱贫攻坚的重要途径。一头连着广州的"菜篮子"，一头连着都匀贫困地区的"钱袋子"，金进积极搭建贫困地区脱贫致富桥梁，探索建立产销对接精准扶贫的新模式，将都匀的优质农产品突破"养在深闺人未识"的藩篱，发挥广州特大消费城市的优势，肩负起帮助农民脱贫致富和保障市民消费升级的双重责任。

用好用活资源，使资源保值增值，是贫困地区实现高质量发展、可持续发展的关键。金进对都匀的一切都如数家珍，将优势特色资源盘活，让其释放巨大经济能量，为脱贫攻坚夯实产业基础，使都匀资源优势转化为产业优势。因地制宜，把培育产业作为推动脱贫攻坚的根本出路。都匀虽然经济基础薄弱，但不乏独特的生态资源，大力培植旅游产业，以旅游产业的发展带动当地群众增收致富。

乡村振兴，现代化的必由之路

脱贫摘帽不是终点，而是新生活、新奋斗的起点。巩固拓展脱贫攻坚成果是乡村全面振兴的基础和前提。2023年是巩固拓展脱贫攻坚成果和乡村振兴有效衔接的关键一年。没有乡村的振兴，就没有中华民族的伟大复兴。围绕农村第一、第二、第三产业融合发展，把产业发展落到促进农民增收上来，使贫困地区致富是实现乡村振兴的治本之策、必由之路。

为助力脱贫攻坚与乡村振兴有效衔接，金进不仅在招商引资上下功夫，更认识到人才是都匀今后可持续发展的关键，积极组织黔南州领导干部培训班，对口帮扶，运用创新思维为乡村振兴做好规划，开好新局。农业现代化是乡村振兴的根基所在，农业农村现代化是国家现代化的基础和支撑。农业是都匀脱贫路上的基础，是振兴路上的"推进器"，发展壮大本地农业，不仅是解决当地贫困群众"吃饭"问题的方法，也是致富的手段。金进积极推动"菜篮子"工程、农产品推介会等一系列项目落地，加快都匀农产品走出去，产生经济效益，助力脱贫，让贫困地区的人民获得实实在在的好处是硬道理，大力推进农业现代化，推动传统农业向现代农业、精深加工业转变，立足都匀当地优势资源，走出具有农业特色的乡村振兴之路。以脱贫促振兴，巩固产业发展，拓宽就业渠道，提高"造血"能力，消除返贫风险，成为贫困地区走出泥潭、走向富强的长效发展模式。

（二）伟大时代造就伟大工程：港珠澳大桥背后的故事

🔲 来龙去脉

港珠澳大桥，东起香港国际机场附近的香港口岸人工岛，向西横跨南海伶仃洋后连接珠海和澳门人工岛，全长55公里，桥面为双向六车道高速公路，设计速度100公里/小时，工程项目总投资额1269亿元。它是目前世界上最长的跨海大桥，也是中国交通史上技术最复杂、建设要求及标准最高的工程之一，其建成通车是中国桥梁工艺现代化的重要里程碑，更为粤港澳大湾区经济现代化提供可持续的重要保障。

这项世界级奇迹的背后，是上万名建设者9年来夜以继日地奋战在伶仃洋，其中，林鸣是这一世界级项目的岛隧工程的总工程师。"我们的起步是0，往前走一步就会变成1。"在9年的建设过程中，林鸣和他的团队经受了无数考验，将国外同行眼中的许多不可能变成可能，一项又一项"零"的突破，终于让港珠澳大桥展现在世人面前。

核心技术买不来也求不来

建设港珠澳大桥前，中国在沉管隧道领域还很落后，可以说，摆在林鸣面前的就是一张白纸。"我国建海底隧道技术，在外国专家眼里看来，也就是小学生的水平。"林鸣一直希望能够与世界一流的、有过外海沉管安装经验的公司合作完成沉管隧道的建设。要在近50米海底、数万吨水压下进行沉管对接，是道世界级难题，只有极少数专业公司具备相关能力。林鸣四处搜寻，只找到一本薄薄的《沉管隧道设计与施工》，书中只谈到浅埋隧道。他和团队跑到美国、日本、韩国、欧洲考察十余次，只能拿到一张整平船的远景照片。

林鸣印象最深刻的是，2011年曾经与一家外国公司谈技术合作，对方开出1.5亿欧元（当时约合15亿元人民币）的"天价"咨询费，而且工程进度和时间节点必须由对方决定。谈判过程非常艰难，最后时刻，林鸣询问对方可不可以用3亿元人民币换取最重要、风险最大部分的技术支持。对方的回答非常简单："只能给你们唱首歌，唱首祈祷歌。"并说，"我不相信你们做得了这件事。"面对羞辱，林鸣彻底明白了：核心技术买不来也求不来，只能靠自己！我们所建设的不仅仅是香港回归后的世纪工程，更是大国的经济宏图，我们一定要自主创新！

在港珠澳大桥之前，全世界已经建成了100多条沉管隧道，但全都是贴着海床的浅埋沉管。但在伶仃洋上，万吨海船天天驶过，为保证航道畅通，满足航线安全，地形结构不被破坏，中华白海豚生存不受影响，留给林鸣的选择只有一个——深埋，这是全世界未曾尝试过的，艰难程度可想而知。

在林鸣以及他的工作团队的努力下，中国的建设者们依靠自己的力量，花了两年时间，不仅解决了外国人认为不能解决的问题，还攻克了深埋沉管隧道的一系列世界级难题，成为世界上"深埋沉管结构设计""深水深槽沉管安装"等技术的领头羊。最终，港珠澳大桥申请了400多项新专利、7项世界之最，整体设计和关键技术全部自主研发……

工程建设就像走钢丝，每一步都是第一步

走进林鸣的办公室，房间一旁的白板上层层叠叠地贴着每天更新的各种资料和技术数据：工程进展、隧道沉降量、泥沙回淤量……在工程最艰难的环节——沉管安装的4年里，每天早上6点，林鸣就召集项目人员分析此前的技术数据，安排下一步的安装工作。

在几乎空白的基础上进行自主研发，林鸣和他的团队面对的是常人难以想象的困难：他们需要将33节，每节重达8万吨，长达180米、宽约38米、高11.4米的钢筋混凝土管，相当于一艘中型航母，在伶仃洋水下50米深处，安装成长达6700米的海底隧道，还要考虑风力、洋流、浮力等因素，无异于"海底穿针"。

每一节沉管的安装，都意味着林鸣团队数十个小时高强度的聚精会神，这也是对精力和体能的极大考验。在安装第1节沉管的时候，有人给它起了一个很浪漫的名字，叫"深海初吻"，但是整个安装过程一点都不

浪漫。2013年5月6日，国内首次实施的外海深埋沉管隧道施工迎来了历史性时刻，"5毫米、4毫米……1毫米，拉合结束！"经过几秒钟的数据确认，现场掌声雷动。上午10时10分，港珠澳大桥海底隧道首节沉管E1安装成功，与西人工岛实现精准对接。

在此之前，全世界工程业界都在关注第一根沉管的安装。三天前的5月3日，当沉管缓慢沉放抵达海底基槽时，施工人员发现海底预先铺设好的基床比原来高出4至5厘米，并非最佳沉放效果。4日晚上开始，几十名潜水员不得不在非常恶劣的环境下，用双手一寸寸地进行艰难的清淤作业，林鸣和他的团队在海上连续奋战了整整96个小时，四天四夜没合上眼。

在林鸣看来，命运最曲折的当属第15节沉管发生的严重回淤。"基础不牢，地动山摇！"林鸣深知，如果强行安装，万一基床上的淤泥让沉管发生滑移，对于设计使用寿命长达120年的港珠澳大桥来说，未来可能是致命的隐患。于是，这节沉管不得不两次被拖回工厂，经过工程师们157天不舍昼夜的坚守，它才成功下水。"将已经出坞的巨型沉管往回拖，全世界还没有先例。"林鸣强调，相比往外浮运，往回撤更加困难。一旦回拖过程中出现任何意外，不止价值上亿元的沉管报废，更加危及伶仃洋航道的安全。

作为总工程师的林鸣带领团队攻破无数难关，一起熬过无数个日日夜夜，但他也有熬不住的时候。在第8节沉管安装的关键时刻，林鸣出现了鼻腔大出血，情况十分危险。在做了两次全麻手术后，同事和家人们希望他能多休息，他却坚持在术后第七天便立马回到安装船上指挥作战，拗不过他的性子，家人们只能再三叮嘱后，让医生陪同其上船。他一直坚信，"工程建设就像走钢丝，每一步都是第一步"，在安装还没有顺利完成前，丝毫都不能松懈。

没有先例，我们就创造先例

如何解决沉管深埋问题？过去的沉管隧道，在结构上主要分为刚性和柔性两种，但两种方式在深埋环境中都不适用。国际隧道专家曾经提出"深埋浅做"的方案，也就是在沉管顶部回填轻质材料，运营期内定期疏浚，控制回淤厚度，但如此一来代价很大，仅维护费就要增加50亿元。

经过一年多研究，林鸣提出尝试一下半刚性结构。这一想法为工程打开了新的思路，但是各方面专家却表示有所担忧，想法能否落地可行？从未使用过的方式是否有风险？创新是否符合常理？外国专家也质疑道："没有先例，你们有什么资格创造一个新结构？"

"没有先例，我们就创造先例。"回想起那段经历，林鸣表示当时压力很大，但他和团队经过多次分析，认为都是成功可行的。"对那些探索性的、复杂的东西用一条什么路线去做，你不能一厢情愿，要讲究方法。如果方法不对，也许100年后人家才承认这是真理，但如果方法对了，也许只用50年、5年，你的真理就会被别人认同，方法非常重要……你要相信柳暗花明，也要相信天道酬勤，科学方法会为你提供一些意外的支撑。"

最终，林鸣带领团队成功使用半刚性结构，在不增加工程造价的情况下完美解决了沉管深埋难题，再次创造了世界工程史上的一个"首创"。

不允许任何的偏差

精益求精是大国工匠的本色。2017年5月2日晚，港珠澳大桥沉管隧道即将成功合龙，安装好后测量出来存在16厘米的偏差，包括来自瑞士、荷兰的顾问在内的大部分工程师，都认为这个偏差是可以接受的，不会出现漏水情况。如果要再精调，在暗潮涌动的伶仃洋里，把一个已经固定在深海基槽内、重达6000多吨的沉管重新吊起、对接，一旦出现差错，后果将不堪设想。

"这是设计120年使用寿命的超级工程，我们不能留下任何遗憾。"林鸣一语击中大家的内心："如果不精调，你们甘心吗？"很快，大家选择"重返战场"，林鸣也把已经买了机票准备回家的工程师们都"抓"了回来，经过42小时的重新精调，安装偏差从16厘米降到了不到2.5毫米，这是让整个团队都不敢相信的数据。他们成功了！

2019年2月11日，交通运输部、国务院国资委、中华全国总工会联合印发了《关于开展向港珠澳大桥建设者学习的决定》，号召广大劳动者、建设者学习港珠澳大桥建设者的精神：

忠诚担当、坚守梦想的奋斗精神

开放融合、勇于创新的奋斗精神

攻坚克难、勇创一流的奋斗精神

敬业专注、精益求精的奋斗精神

坚忍不拔、团结奉献的奋斗精神

近10年来，几乎每到关键和危险的时刻，林鸣和他的工程师团队都会像"钉子"一样，几小时、十几个小时、几十个小时地"钉"在工地上。建设港珠澳大桥期间，中国工程师们发明了1000多项专利技术；他们依靠自己的力量，攻克全新的建设难题，推动了行业乃至国家的科技创新，向全世界展示中国的智慧和实力！正如林鸣所言："我觉得是一种精神，包含我们的自信，包含我们的智慧。"

2018年10月24日上午9时，筹备6年、建设9年的港珠澳大桥正式通车，这条东接香港、西接珠海和澳门的海上"巨龙"终于腾空而起。在前一天的大桥开通仪式上，习近平总书记强调：港珠澳大桥是国家工程、国之重器。港珠澳大桥的建设创下多项世界之最，非常了不起，体现了我国综合国力、自主创新能力，体现了勇创世界一流的民族志气。这是一座圆梦桥、同心桥、自信桥、复兴桥。

港珠澳大桥是中国建桥史上里程最长、投资最多、施工难度最大的跨海桥梁项目，也是世界上最长、最难以及国内寿命最长的跨海大桥，被英国《卫报》称为"新世界七大奇迹"之一。

（资料来源：港珠澳大桥管理局，《朗读者》《新时代文明实践广东精品教案》）

🕮 事中有道

每一步，都是第一步

港珠澳大桥跨越珠江口伶仃洋海域，是以公路桥的形式连接香港、珠海及澳门的大型跨海通道，全长约55公里，被英国《卫报》誉为"新世界七大奇迹"之一，是迄今为止世界上最长的跨海大桥，也是中国建设史上里程最长、投资最多、施工难度最大的跨海桥梁。

中国制造支起世界之最。港珠澳大桥是继三峡工程、青藏铁路、京沪高铁之后又一国家工程、国之重器，是中国交通行业发展的"集大成者"，标志着中国从建桥大国进入建桥强国，具有里程碑的意义。港珠澳大桥创下了多个"首次""之最"，它是世界首座跨三个行政司法管辖区、三个关税区的桥梁，是世界最长的跨海大桥，世界最大规模钢桥面铺装工程，世界唯一深埋沉管隧道，世界首创大圆筒快速成岛技术，世界首次采用半刚性沉管隧道结构体系，世界首次完成沉管隧道曲线管节预制，世界首创主动式压接沉管隧道最终接头技术等。

港珠澳大桥的目标、使命和标准，再加上其桥址地处恶劣的地质、海况、天气等自然因素，使之成为目前世界上建设难度非常大的桥梁。大桥的正式开通，证明了我国卓越的自主创新能力，参与大桥设计建设的包括21家企事业单位、8所高等院校，组成了超过500人的科研队伍，共完成了项目创新工法31项、创新软件13项、创新装备31项……表明了我国在超大型交通基础设施建设的技术、装备、科技创新能力等多个领域取得全面突破。这一系列"世界之最"的背后，是港珠澳大桥在建设管理、工程技术、施工安全和环境保护等领域填补诸多"中国空白"乃至"世界空白"，进而形成一系列"中国标准"的艰苦努力。

大国工匠造就超级工程

一龙飞跃三地，天堑变通途。港珠澳大桥被誉为"桥梁界的珠穆朗玛峰"，在建设过程中面临着诸多"超级难度"。凝聚着全体建设者智慧和心血，融入了全体建设者精神和灵魂的港珠澳大桥未来120年甚至更长时间将屹立于珠江口伶仃洋上，能抗8级地震，能抵御16级台风，见证粤港澳三地的融合与发展，见证祖国的强盛。

在设计之初，港珠澳大桥面临既要保障珠江口伶仃洋主航道繁忙时候超过4000艘轮船的绝对畅通，同时还要保证所在海域附近香港机场每天1800多架航班的正常起降的"硬门槛"。在规模上，是个巨型化的规模，世界级的工程，是国际上最大的一个单体跨海交通项目，集桥、岛、隧于一体。这是我国过去没有碰到过的，在国际上也是罕见的桥岛隧一体，或者说多专业集成的跨海工程。

在建造过程中，作为港珠澳大桥岛隧工程总工程师的林鸣，负责整个工程难度最大、最核心的外海沉管隧道任务。作为一个开创性的工程，岛隧工程是我国首条外海沉管隧道，也是世界唯一的深埋隧道。在经过与外国公司艰难的谈判后，林鸣和团队决定走自我研发之路，掌握核心技术，攻克这一世界级难题。在几乎空白的基础上进行自主研发，需要将33节，每节重8万吨，长180米、宽38米、高11.4米的钢筋混凝土管，在伶仃洋水下50米深处，安装成长达6700米的海底通道。施工环境极为复杂，极具挑战性，从2013年经过96个小时成功安装第一根沉管，到2017年最后一根沉管的安装完成，世界最大的沉管隧道顺利合龙；从偏差16厘米到2.5毫米，缩小的几十倍差距，无不体现大桥建设者的精益求精、工匠精神，更展示了中国在由"中国制造"迈向"中国创造"的历史进程中所发生的巨大变化和所取得的非凡成就。

珠联璧合的时代经典

港珠澳大桥是推动粤港澳大湾区建设的一条重要交通枢纽，大大缩短了香港、珠海、澳门之间的车程，将有力推动粤港澳的社会经济发展和民心相通，对加速粤港澳大湾区区域一体化，打造世界级城市群，保持港澳地区的持续繁荣稳定有着深远意义，充分印证了"一国两制"的强大生命力。

港珠澳大桥的建成通车，是实现"中国梦"的一个生动案例。港珠澳大桥是连接香港、珠海和澳门的大型跨海通道，其功能主要是解决三地之间的陆路客货运输要求，建立跨越粤、港、澳三地并连接珠江东西两岸的陆路运输新通道，为香港、澳门、珠三角地区的经济加速腾飞带来助力，拉动了三地经济社会融合发展。通关方式和查验模式的创新，让一座跨越"一国两制三地"的世纪工程变得更加畅通，提高了粤港澳大湾区人流、车流、物流的流通效率，为粤港澳大湾区建设发挥重要作用。

港珠澳大桥所在的伶仃洋海域，是"水上大熊猫"中华白海豚的主要栖息地，也是中华白海豚保护区，施工噪声对中华白海豚的声呐系统影响很大。建设者始终高度重视海洋资源与海洋生态环境保护工作，通过研究中华白海豚的生活习性，制定了科学的驱赶方案，实现了海洋环境"零污染"和中华白海豚"零伤亡"目标。无论是在环保顶层制度设计、施工管理，还是在环保工艺、工法的创新，生态保护的理念都贯穿始终，港珠澳大桥被视为海洋生态保护的重要样本。

（三）从中国芯到中国心：5G探索之路

来龙去脉

数字科技是国家现代化发展的有力保障，习近平总书记曾多次强调数字中国建设的重要意义。2020年9月，国家互联网信息办公室印发了《数字中国发展进程报告（2020年）》，总结了"十三五"时期数字中国建设的主要成就和2020年取得的新进展和新成效，评估了2020年各地区信息化发展情况，提出了"十四五"时期推动数字中国发展的努力方向和工作重点。截至2020年年底，5G网络建设速度和规模位居全球第一，已建成5G基站达到71.8万个，5G终端连接数超过2亿个。我国已建成全球最大5G网络，独立组网（SA）率先实现规模商用，全国超300个城市规模部署5G SA。

在我国数字科技探索的道路中，无数的信息科技人才潜心研究，坚持自主开发并取得了举世瞩目的成就，为我国争取科技现代化的话语权作出巨大贡献。其中有这么一位少年，在芯片领域诠释了自己的中国心……

少年学霸生涯

申怡飞似乎从小就是被命运眷顾的孩子，在逻辑思维和动手实验能力方面有着同龄人无法比及的天赋。他1997年出生于河北邯郸，5岁便上一年级，11岁那年，申怡飞进入邯郸一中少年班，自此开启了"天才学生"生涯，仅花费两年时间就完成了初中的学业。他的初中生活相较于小学来说，更为平淡，没有什么特别之处，虽然凭借天赋能让他在学习路上容易走得比其他人更快一些，但在日常学习中仍坚持稳扎稳打，谦虚的学习态度使得他走得更稳一些。2012年，15岁的申怡飞在高二参加高考，被东南大学吴健雄学院录取，该学院曾经定向输出多名顶级科学家，在中国科技教育界中享有盛名。就这样，申怡飞成为一名名副其实的少年大学生。

申怡飞总说，自己并不是天生的"学霸"，也曾经有过"跟不上进度""不知所措"的时候。他回想到，大一的自己还是少年，本应和其他初中生一般在操场上奔跑，边玩边学，正因如此，与"高龄"同学相比，成绩并不突出。后来大二课程增多以及课业难度增大，使得他在学习上开始力不从心起来。一个学期学完之后，申怡飞竟然有两门课程不及格，这个成绩让申怡飞内心非常沮丧。

感受到巨大压力的申怡飞，并没有因此而自暴自弃，反而痛定思痛，下决心改变自己的学习态度。抱着这样的态度，申怡飞认真学习每一节课，将精力全部放在了学习上。基本上除了吃饭时间，他再也没有了"空闲时间"。辅导员纪静老师曾回忆说："申怡飞在学习上一直保持着一股拼劲，节假日也很少休息。"随着不断努力，申怡飞的成绩以肉眼可见的速度提高着。而且，申怡飞不仅自己提高成绩，他还帮助同学梳理课本上的知识点，帮助同学共同进步。有时候甚至给同学讲解到凌晨两点。

功夫不负有心人。经过一年多的苦学之后，在大三期末考试中，申怡飞取得了令人惊叹的成绩。19门相关课程的成绩都在90分以上，其中8门成绩更是取得了满分，成为该学院十年来唯一一名拿第一的学生，是令人羡慕的"学霸""学神"。当然，申怡飞并未停止前进的脚步，反而开始了更加刻苦努力的学习生涯。

以制造中国芯为己任

2015年9月，17岁的申怡飞以专业综合成绩第一的身份被保送为信息工程学院的研究生，师从有"中国4G技术掌门人"之称的尤肖虎教授。尤教授是中国通信技术领域的泰斗级人物，在中国4G技术方面颇有建树，曾经获得了国家技术发明一等奖，同时担任移动通信国家重点实验室主任。

就这样，申怡飞加入移动通信国家重点实验室，开始从事5G技术当中的极化码技术工作，这使尤教授如虎添翼，为技术突破奠定了强有力的基础。自此，申怡飞从"学霸""天才少年"渐渐成为有着强烈使命感的中国科学家。在读期间，申怡飞发表过两篇国际会议论文、一篇

SIC论文，并申请通过了三项发明专利，19岁便获得了全国学科顶级的荣誉。

信息工程领域包括电子科学技术和信息通信工程，这些都属于ICT产业。如果一个国家能够掌握ICT产业的核心技术，就能在一定程度上超过欧美国家在这一领域的研发水平，处于世界的领先位置，获得一定的竞争优势。

与信息工程领域密切相关的产业正是芯片产业。在2015年的一次研讨课中，申怡飞就从老师张川的口中获知了中国芯片产业的落伍。2018年，中兴通讯被美国制裁，在中美不断谈判下，美国对中兴通讯的七年禁令暂时解除，但中兴事件却证明了中国在芯片产业上的被动局面。有感于此次事件，申怡飞说："在这样受制于人的局面下，青年人，尤其是青年科技工作者应该主动站出来，做行业的开拓者，以制造中国芯为己任。"

申怡飞深知，制造一颗芯片，不仅需要资金的支持、十几个工艺环环相扣，更需要漫长的科研攻坚期。在情怀与现实面前，很多人被现实打败，但申怡飞一直目标坚定。他说："一代青年有一代青年的历史际遇，发展中国电子信息产业，实现中国芯片自主知识产权就是我的历史际遇。""作为移动通信国家重点实验室的学生，在中国电子芯片产业发展的关键节点，我们应该扛起责任，学好专业，加强本领，把振兴移动通信和芯片产业的科技强国理想融入个人志向当中，努力在青春时代不懈奋斗。"

5G技术的自主研发之路

申怡飞回忆，在进入尤肖虎教授门下的第一天，老师并没有直接讲技术知识，而是讲了我国信息通信产业的发展史。回顾信息科技的发展，第一代移动通信最初由美国研发、部署和生产，中国在1G时代可以说是一片空白，2G时代的中国技术十分落后，处处受到西方发达国家的垄断限制，当时在国际贸易中，一台不足1000元的机器，在中国竟然能卖到上万元的价格，并且供不应求，而我们国家明明知道其中的差价，却无能为力，任由西方国家牟取暴利。

技术就是生产力，也是国家社会发展的动力，西方国家曾对我国实行了严密的技术封锁，但我国科研人才从来不怕缺芯，正在积极从5G技术中实现突破，引领通信潮流。3G时代，我国的科技研发人员花费了将近20年的时间和精力，跟上了西方国家研发技术的步伐，虽然有一定突破，但与西方先进技术相比还相距甚远。到了后来的4G时代与他们齐头并进。而5G技术的突破、芯片核心技术的研发，意味着国家在信息科技领域的话语权。

在研发之路上，申怡飞也碰到过不少难题，前人的研究成果屈指可数，更缺乏成熟理论和数据作支持，困难程度可想而知。申怡飞曾解释说，极化码是一种新型编码方式，具有可实用的线性复杂度编译码能力的信道编码技术，是编码界里的新星。为解决平台数据处理能力水平提升的问题，申怡飞谨记责任使命，夜以继日地加以研发，甚至把实验室当成了宿舍，从早到晚乃至节假日都不曾离开，不分白天和黑夜，全力以赴地投入处理能力水平的优化这场斗争中。历经半年时间，15次失败后，申怡飞终于在第16次的运算演习中成功了，达到了理想中的数据处理能力水平。

极化码技术，是申怡飞团队最重要的突破性研究专利，也是最让欧美发达国家羡慕忌惮的高新技术专利。申怡飞带领团队搭建出一个通用处理器的高效极化码平台，取得了非常好的进展。是怎么样的突破性进展和运行速度呢？简单来说，就是从2秒计算1组数据提升到1秒计算20万组数据，把通信的重大时延问题顺利解决，达到前所未有的高质量要求，领跑全球同类研究的课题组，遥遥领先于西方国家水平。2016年，经过IEEE评审委员会的严格评选后，申怡飞获得了全球顶级的最佳学生论文奖。

后来申怡飞团队主推的极化码方案入选5G标准，使中国5G网络运营提前一年落地，对国家科技现代化和国际话语权发挥了不可估量的作用。终于，在5G时代，我国赶上并超越西方，5G技术成为目前中国企业核心竞争力，申怡飞所在团队也不断致力于让极化码更快、更广地服务于通信网络。这位中国最年轻的5G技术开发者，人们眼中的天才科学家，凭借着自己的傲气和骨气，以及日复一日的努力，让我国的移动通信技术、芯片技术领跑世界。

（资料来源：江苏教育新闻网，《新时代文明实践广东精品教案》）

事中有道

拳拳赤子心，殷殷爱国情

随着我国整体实力的不断提高，国内环境一片大好，涌现了一批又一批的科学人才。被誉为"天才科学家"的申怡飞，从小天资聪颖，才智过人，一直被看作"别人家的孩子"，他的"学霸"生涯和科研之路生动诠释了"自古英雄出少年"这句话。他的学习经历并不是一帆风顺的，但是他的学习态度，面对困难毫不气馁的决心，以及在了解国家发展需要科技领域的相关问题后，毅然决然地踏上通信技术的研究道路，并最终通过自己及其团队的努力，让中国的5G技术飞速发展，在国际上占有一席之地。

在之前的通信行业发展过程中，国外的先进技术让我国通信事业受到了一定的阻碍，长期被限制在制定规则之外，但随着全世界5G时代的到来，在申怡飞及其团队的不懈努力下，我国终于获得了世界通信行业领域内的话语权。特别是申怡飞所申请的极化码技术专利，让中国在5G领域取得了世界范围内绝对的话语权，也推动5G取得了史无前例的大幅度提升。5G时代的到来，为我国的发展提供了巨大的保障。

从少年的学霸之路，到以制造中国芯为己任，申怡飞所代表的青年一代致力于用自己所学，为中国科学技术发展努力奋斗。每一个年轻人都有着爱国之心和爱国之举，不过因个人的追求不同，从事的行业不同，所呈现的方式也各有不同。身为年轻人，把家国情怀融入不懈奋斗，他们更明白国家目前缺少的技术是什么，科学技术的发展对中国的深远意义是什么，同时，也知道稀缺的人才是什么。因此，申怡飞作为通信技术领域这个团队中最为年轻的核心成员，担负起研究未来的重任，带领这个新兴技术实现更好、更快、更完整的发展。

科技现代化，富强之本

科学技术现代化是社会主义强国建设的必由之路。历史经验表明，人类现代化历史就是一部科学技术不断进步的历史，特别是近代以来，社会上的每一次重大变革都与科技革命密切相关。创新是引领发展的第一动力，是建设现代化经济体系的战略支撑，创新主要是指科技创新，科技水平的高低不仅决定着经济社会发展水平，还决定着各个国家的前途命运。总之，中国的现代化不仅是富强的现代化，更是科学技术的现代化。

当前，全球抢占科技创新制高点竞争越来越激烈，我国正处于创新驱动转型发展，弯道超车，跻身创新型国家前列的关键时期。科技是现代化的"发动机"，新一代信息技术的快速发展与创新模式变革将给科学技术带来变革性影响，特别是第五代移动通信技术等新一代信息技术的发展，加速科技革命的到来。我国的5G技术发展，吸收了世界通信技术发展的成果，更重要的是我国不断推进研发创新，实现了技术的突破和升级。我国的5G技术已经开始在各行各业应用，也成功地从追赶者变成了如今的领先者。通信技术的迭代更新，背后离不开那些一线奋斗者，经过几十年的努力，中国终于在通信领域走出了一条艰难的道路。而这背后，"天才科学家"申怡飞，成就令人惊叹。

5G技术的发展是我国走向现代化极其重要的一部分，其发展包含了许多科学家为之辛勤付出的汗水和心血，没有前人栽树，申怡飞也不会这么快取得成就。申怡飞深知，作为科研工作者，突破5G技术的瓶颈，会让中国在该领域取得优势地位，为我国发展提供巨大保障。当然，科研工作者的创新之路充满荆棘，申怡飞用自己的实际行动向世人证明，只要怀揣梦想，扎实钻研，不轻言放弃，必能够为国家的发展贡献坚实的力量，使中国高端技术屹立于世界之巅。

科技人才，富强的中坚力量

济济多士，乃成大业；创新之道，唯在得人。国家要实现高质量发展，提高原始创新能力，破解关键领域核心技术，归根结底还是要依靠人才。人才是推动经济社会发展的第一资源，是实现民族振兴、赢得国际竞争主动权的战略资源。我国作为科技创新的大国，要创造有利的社会条件发挥人才作用，要大兴识才、爱才、敬才、用才之风，为科技人才发展提供良好环境。

目前，我国科技人才队伍庞大，但人才结构不够优化，创新能力不强，在基础科学领域研究方面，短板突出，如数学等基础学科仍是最薄弱环节，基础理论创新，重大原创性成果缺乏，高端人才稀缺。这些都是影响和制约我国科技创新的瓶颈，亟待解决。在尊重人才成长规律和科学研究规律的基础上，建设一支规模宏大、结构合理、素质优良的创新人才队伍，充分释放人才创新创造活力，为国家科技发展提供强劲动力支撑。

国家发展靠人才，民族振兴靠人才。申怡飞的成功并不是偶然，除了其自身的不懈努力，还基于当前国家对人才的重视，以及尊才、爱才、敬才的良好社会氛围。配置好人才成长的沃土，为人才发展做"加法"，释放各类人才的创新活力。功以才成，业由才广。在科研的道路上，越来越多像申怡飞这样的青年优秀人才涌现出来，都在各自的岗位为祖国的发展贡献知识与力量，凭借努力和梦想，为祖国的科学技术做出巨大的贡献。

（四）敢为天下先：让民营企业走向更广阔的舞台

来龙去脉

"我国经济发展能够创造中国奇迹，民营经济功不可没！"这是习近平总书记在2018年民营企业座谈会上的讲话，这一掷地有声的话语，对民营经济40多年来的发展给予充分肯定。40多年来，中国民营经济从小到大，从弱到强，从遍布城乡的"乡镇企业"到进入世界五百强的行业巨头，民营经济已成为社会主义基本经济制度的重要组成部分，在国民经济体系中的地位越来越重要，撑起中国经济"半壁江山"。在民营经济繁荣发展的背后，是无数企业家坚持不懈的努力，以及他们对国家现代化和中华民族伟大复兴的憧憬与向往。

十年磨一剑

周振，广州禾信仪器股份有限公司董事长。除了这个身份，他还有一个身份——暨南大学大气环境与污染控制工程研究所所长、研究员、博士生导师。周振教授及其团队专注质谱仪器技术，是"国家创新人才推进计划——重点领域创新团队"带头人。他先后两次被习近平总书记接见。

习近平总书记到广州明珞汽车装备有限公司视察的时候，周振在现场向总书记介绍了公司三件产品。这三样产品的核心技术全是由公司自主研发的。周振的创业之路也充满曲折。2004年，周振举家从德国回国并在广州开发区创立企业时，全身上下仅有10万元积蓄、一箱核心零部件和一箱书籍。创业伊始非常艰难，人才、资金等都严重不足，几乎整个业界都表示怀疑。从2002年开始前期调研，2006年开始制造，到2013年产品推出市场，一款PM 2.5质谱监测产品用了近十年。最困难的时候，2006年，公司账户只剩下2万元，周振变卖了自己的房子和汽车；到2008年，公司连员工工资都发不出来，"当时差点就要以300万元的价格将公司部分股权卖掉。"周振记得当时出去找投资，"不懂行的人，转身就走了；懂行的人，一听说是做质谱仪，往往一脸惊讶地反问，'你这至少都要投资1000万元吧？'然后摆摆手就走了。"有一次，一个投资人听说要千万元投入和10年时间，"背地里怀疑是不是遇到了骗子"。2009年，周振团队接到了广州市科技风险投资有限公司投入500万元的资金，禾信仪器股份有限公司终于迎来了发展的"春风"。周振说，未来企业要继续努力研发核心技术，做强自己的民族品牌。

2008年被时任国家副主席习近平接见的时候，周振所在企业只能拿出一台不能工作的样机。10年过去了，企业已经能拿出全部核心部件都是由自己研发的仪器。2018年他告诉习近平总书记："过去10年，在您的激励下，我们从无到有，做到国内第一；现在我们更有信心，再用10年，赶超国际一流，实现您在中央财经委员会第二次会议上提出的，培育一批尖端科学仪器研发制造的企业。我们一定能成为这类企业的标杆。"

做着"中国汽车装备梦"的"疯子"

姚维兵是广州明珞汽车装备有限公司董事长，2007年他从工作了5年的大型合资企业广汽本田辞职，下定决心下海创业。当时，汽车车身生产线中最核心的关键设备系统都由外国进口，在国内仍处于空白状态。姚维兵拿着15万元开始了他的热血创新梦，在花都成立公司。创业初期，姚维兵的团队曾被业内人士称为"疯子"，"还不会走，就非要跑，迟早摔跤。"公司早期还曾经历一次资金危机，一个国外合作伙伴亏损濒临倒闭，该付给公司的1000多万元货款迟迟付不出来，致使公司陷入了资金链断裂的困境。姚维兵四处借钱，其所在的高管团队也拿出了自己的积蓄来缓解经济危机。

姚维兵十分重视公司创新。早在2009年，姚维兵就拿出创业以来赚到的第一桶金——一年下来的盈利20余万元，全部投入员工的培训方面。随后的几年，公司一直注重核心技术研发的投入，加大力度提升企业的自主创新能力。公司在2012年建立了中国第一个车身激光焊接研究应用中心，对各种激光的焊接工艺进行研究。公司的激光设备慢慢打开市场，大众、奔驰、标致雪铁龙、吉利等客户纷纷前来采购。

"机会永远留给有准备的人。"2016年，特斯拉生产线调整，生产进度出现问题，几个国外合作商都不能及时完成调整。特斯拉抱着试试看的态度打电话来问明珞公司，姚维兵和他的激光焊接团队一口应战。经过团队一周的日夜奋战，实验室打样试生产的产品得到特斯拉认可。明珞公司比其他公司晚四个月拿下订单，却只比其他公司晚一个月把设备运到现场。然后只花了一个月，激光生产线就可以生产了。

在向习近平总书记汇报发言中，姚维兵介绍了企业的智能制造理念、创新想法和科研成果，例如目前明珞公司拥有自主知识产权300余项，其中国内外发明专利98项，有多项革命性的核心技术为全球首创，成为全球唯一一家实现数字化工厂虚拟制造与工业物联网大数据应用落地的智能制造企业。

"一带一路"的探路人

"一带一路"为我国民营企业实现国际化发展提供了新平台。以华坚集团为代表的制造业企业和以恒兴集团为代表的农业企业便是第一批探路人，他们凭着"敢为人先"的精神积极拓展同"一带一路"沿线国家的经贸合作，不仅为中国企业"走出去"树立了很好的榜样，也为后来人提供了非常宝贵的经验。

在"一带一路"倡议提出之前，2011年10月，广东省皮鞋制造企业华坚集团就已经开始在埃塞俄比亚投资建厂，建设华坚国际鞋城（埃塞）有限公司。当时众多制造业的企业家们应邀在埃塞俄比亚实地考察，最终只有华坚集团一家企业表示愿意为中埃两国的经济合作做贡献，计划10年内在埃塞俄比亚投资20亿美元兴建战略基地。该基地2012年1月正式投产，从开工建设到投产仅短短3个月就使埃塞俄比亚当地皮革品出口量增长了57%，创造了埃塞俄比亚的"华坚速度"，华坚集团也成为埃塞俄比亚最大的鞋类出口企业，同时也解决了埃塞俄比亚当地近6000人的就业问题。

在"一带一路"倡议的指引下，2014年5月，李克强总理和埃塞俄比亚总理海尔马里亚姆共同为华坚集团在埃塞俄比亚的工业园项目签字，这是华坚集团把中国优势产业与"一带一路"沿线国家的需求结合起来的又一投资方案。该方案将为当地创造3万～5万个工作岗位，这也是中国传统制造业走向非洲的"代表作"之一。

2018年作为"中国产能出海最成功案例"的华坚集团埃塞俄比亚项目销售额达3600万美元,同比增长18.7%。这一年来,华坚集团董事长张华荣格外地忙,也格外地振奋。2018年8月27日,作为全国民营经济的代表,张华荣受邀出席在人民大会堂举行的推进"一带一路"倡议工作5周年座谈会。同年10月,张华荣入选中央统战部、全国工商联共同推荐宣传的"改革开放40年百名杰出民营企业家"名单。"投资非洲8年,我们创造了非同寻常的'华坚速度'。受益于国家的'一带一路'倡议和非洲的优势,我们在非洲的前景无可限量。"张华荣如是说。

同时,还有在埃及水产项目实现了全产业链输出的恒兴集团。广东恒兴集团有限公司是湛江乃至全国知名的水产集团,是一家集种苗繁育、饲料生产、水产养殖、水产品加工、进出口贸易于一体的大型民营企业集团。自1998年创立至今,恒兴集团从一家只有16名员工的贸易公司,发展成如今农业产业化国家重点龙头企业,已在越南、马来西亚、印度尼西亚等东南亚国家建设了多家工厂,逐步完善其在东南亚的战略布局,成为水产集团创业史的成功典范之一。

在"一带一路"倡议的支持和鼓励下,恒兴集团积极响应国家号召,在2017年11月18日,恒兴集团负责规划建设的埃及国家水产产业园隆重开业。该项目是迄今为止广东恒兴集团有限公司乃至中国水产界走出国门建设的最大水产工程项目,也是埃及国家以及中东地区最大的水产项目。

埃及项目是恒兴集团国际化步伐中的重要里程碑,该项目极大地提高了埃及的农业及海洋渔业的水平与技术,解决了埃及人民的就业问题、食品安全与营养保证的问题,改善了埃及人民的生活水平。作为中国—埃及"一带一路"的样板工程,该项目切实地展现了和平合作、开放包容、互学互鉴、互利共赢的丝绸之路精神,展现了以恒兴集团为代表的中国企业的气魄与情怀。

民营经济已经成为推动中国发展不可或缺的力量,成为创业就业的主要领域、技术创新的重要主体,国家税收的重要来源,为中国社会主义市场经济发展、政府职能转变、农村富余劳动力转移、国际市场开拓等发挥了重要作用。在当前中国新一轮改革开放的关键时期,更多的民营企业必将凭借其敢为人先、追求卓越的企业精神，续写改革开放的灿烂华章……

（资料来源：《新时代文明实践广东精品教案》）

📖 事中有道

民营经济赋能高质量发展

改革开放以来，我国民营经济从小到大、从弱到强，不断发展壮大，已经成为推动我国经济发展不可或缺的力量，是社会主义市场经济发展的重要成果，是推动社会主义市场经济发展的重要力量。民营企业是创业就业的主要领域、技术创新的重要主体、国家税收的重要来源，在国民经济中起着举足轻重的作用，是不断深化改革、不断完善社会主义市场经济的结果。

民营经济作为社会主义市场经济的重要组成部分，在稳定增长、促进创新、增加就业、改善民生等方面发挥着不可替代的作用，是推动我国经济转型的重要依托。民营经济具有市场经济的天然基因，在经济发展中最活跃、最积极、最有效率、最具有竞争力，也最具有活力。民营经济产生于人民群众的迫切需要，植根于人民群众的开拓奋斗。改革开放40年的成就为非公经济的作用提供了有力佐证：贡献了50%以上的税收，60%以上的国内生产总值，70%以上的技术创新成果，80%以上的城镇劳动就业，90%以上的企业数量。民营经济既是社会主义市场经济发展的重要成果，又是推动社会主义市场经济发展的重要力量。

民营经济是在市场经济中成长壮大的，发展好民营经济的前提是完善市场经济体制。我国民营经济只能壮大，不能弱化，不仅不能"离场"，而且要走向更加广阔的舞台。随着民营经济的发展壮大，进一步解放社会生产力，激发市场活力，又会通过倒逼机制促使市场机制得到进一步的完善。

民营企业是创新的重要力量

创新是引领发展的第一动力，是建设现代化经济体系的战略支撑，民营企业已成为创新驱动发展战略的重要载体。企业是创新的主体，民营企业机制灵活、市场嗅觉敏锐、经营高效，正在成为新技术、新产业、新业态、新商业模式创新的重要主体。

民企是就业的主力军，亦是创新创造的生力军。民营企业拥有庞大的市场体量，民营经济与中小企业高度重叠，面临着科技人才缺乏、创新投入不足等诸多困难，由于民营企业自身的特点，即经营脆弱性高，因而容易存在信用障碍，融资难融资贵，面临着较大的政策风险和市场风险。民营企业创新发展是大势所趋，是提升产业链、供应链稳定性和竞争力的关键环节，也是解决关键核心技术"卡脖子"问题的重要力量，更是构建新发展格局的有力支撑。我国民营经济发展质量不断提高，越来越多地进入高新技术领域和新兴领域，部分企业已经在高新技术、新业态等细分领域处于领跑地位。

企业提升市场竞争力的前提条件在于创新，创新是企业发展的动力源泉，创新与企业发展是相辅相成的。民营企业正在成为中国推动科技创新和转型升级的重要力量。数字经济时代，民营企业在创新创业方面的优势愈益显现，如阿里巴巴、百度、腾讯、华为、小米等一大批民营企业，站在了创新的潮头，实现创新驱动转型升级，抓住新的发展机遇，提高竞争力和抗风险能力。

大胆"走出去"参与国际竞争

近年来，一大批民营企业"走出去"，提升了自身的国际竞争力，还助力相关国家发展经济、扩大就业、改善民生，实现互利共赢发展。从投资规模看，中国对外直接投资已由国有企业为主转变为以民营企业为主。从投资区域看，中国民营企业对外直接投资的地区分布较广泛，民营企业对外直接投资的影响力不断提升。从投资领域看，民营企业对外直接投资的领域也比较广泛，与国有企业海外投资不同，民营企业海外投资更加多元化，更加关注获取技术、品牌和市场。

2021年，我国外贸经营主体活力持续增强，有力支撑了外贸稳增长。其中，民营企业保持了我国第一大外贸经营主体地位，进出口额19万亿元，同比增长26.7%，占我国外贸总值的48.6%。随着"一带一路"倡议的深入实施，为民营企业"走出去"带来良好机遇，中国民营企业坚持以市场需求为导向，以项目合作为载体，逐步发展成为高质量共建"一带一路"的重要主体。2021年民营企业对"一带一路"沿线国家进出口额6.21万亿元，同比增长了25.6%，占同期我国与"一带一路"沿线国家进出口额的53.5%，民营企业整体表现活跃。

虽然民营企业已成为中国对外投资中不可忽视的重要力量，但需要承认，在"走出去"的过程中，与国有企业相比，民营企业仍存在实力相对较弱、竞争力不强等劣势。民营企业"走出去"机遇很大，但风险也不小。随着外部环境不确定性的增强，也对"走出去"的中国民营企业提出了更高的要求。民营企业进一步修炼"内功"，不断加强企业自身能力建设，加大科技投入，提升创新能力，主动适应市场多元化需求，探索外贸新业态新模式，积极转型升级优化重组，增强市场竞争力。把握好"一带一路"建设深入推进的历史机遇，敢于遨游于世界市场的汪洋大海中。

（五）凭借精湛技艺获世界冠军的中国工匠

🏭 来龙去脉

世界技能大赛是目前全球规模最大、影响力最广的职业技能赛事，被誉为"世界技能奥林匹克"，其竞技水平代表了各领域职业技能发展的世界先进水平。2022年世界技能大赛上，中国代表团派出优秀的技能小匠们奔赴多个国家参赛，截至2022年10月底，在已经完赛的27个项目上，共斩获15金3银3铜和5个优胜奖。

工业强国建设离不开强大的高技能人才队伍。自2011年中国首次亮相世界技能大赛，我国青年工匠们多次斩获世界冠军，在国际舞台展现了技能青年的中国力量。耀眼的成绩一方面直接反映出我国在高技能人才队伍建设上一系列举措的行之有效，另一方面亦说明在推动经济高质量发展的过程中，相关产业技术发展水平在全国乃至世界范围内已相对领先。

读技工，拿冠军，当副教授

因中考成绩不理想，他被父亲送入技工院校，以赛促学让他点燃斗志。经过一场又一场的比赛，他终于成为世界冠军。载誉归来后，他留校任职，培养更多人才。他就是"90后""蓝领世界冠军"——钟世雄。

钟世雄的家乡在广东潮州饶平县黄岗镇，中考失利后，他进入广东省机械技师学院就读。那时他便深知，必须要掌握一门技术才能在社会上立足，也才能为国家为社会贡献出自己的一份力量。2011年，钟世雄报名参加了学院里的数控集训班并入选，但因成绩一般没能留下。功夫不负有心人，他不言放弃、不断努力，两年后进入第二轮集训，并顺利通过考试，被分配到"数控车"项目组。钟世雄回忆，当时他利用一切空余时间去钻研，白天完成常规训练，晚上研究如何提高技术。有段时间，连做梦都在研究加工零件。

2013年12月，由于综合能力突出，钟世雄被学院调到了"综合机械及自动化"项目组。随后，他在第43届世界技能大赛"综合机械及自动化"项目的广东省选拔赛中斩获第四名。2014年7月，钟世雄参加了第43届世界技能大赛"制造团队挑战赛"项目全国选拔赛，获得电装技能的第一名，最终入围国家集训队。经过国家集训队内部的层层选拔、淘汰，他成为出征世界技能大赛的中国选手，并最终和队友们获得了制造团队挑战赛项目金牌。

"慢工出细活"是钟世雄的成功秘诀，他经手的每个零件都要尽可能完美。无论是平常的训练、工作，还是备战大赛，都精雕细琢、全力以赴，夜以继日地力求将失误降到最低。这种精益求精的精神，让钟世雄在多场世界级比赛中独占鳌头，以沉着冷静的心态和极强的操作能力，成为技能赛场上一颗璀璨的明星。

钟世雄的父亲自豪地说："没想到读技工还能夺世界冠军！不一定要上大学，技能人才同样也能圆梦和出彩。"夺冠后，钟世雄用奖金回乡盖了一栋占地60平方米的三层小楼，还被广东省机械技师学院直接录用为高级讲师，享受副教授待遇。

"青年鲁班"向世界展示中国工匠精神

在2022年世界技能大赛上，22岁的中国代表李德鑫参加了家具制作项目角逐并勇夺金牌，这是中国代表团在这届世界技能大赛特别赛上取得的首枚金牌，也是中国自参加世界技能大赛以来在家具制作项目上夺得的首枚金牌。

此次家具制作比赛需要参赛者具有极高的精准度，考察选手对立式柜的制作，既包括柜体、腿架、门板、抽屉、贴皮等主要模块，也需要对作品进行打磨修整、五金安装等操作。最终，李德鑫在18位代表选手中脱颖而出，其成绩在140个评分点的综合评选中位列第一，最终获得冠军。

"好的比赛成绩是经过长时间科学、系统训练之后取得的。"回顾比赛过程，李德鑫的指导专家刘晓红用"绝非易事"四字来形容。她说："这次特别赛的尺寸公差要在正负0.5毫米之内，这意味着柜子的多个零部件之间组装后的累积公差都不能超过正负0.5毫米。比如柜子的四条腿，其中一条腿的尺寸公差超过0.5毫米裁判就给零分。"赛后，刘晓红总结道："科学的训练方法成就了李德鑫的金牌。他的作品之所以好，关键在多项技能方面技艺高超，在严苛的比赛评选中脱颖而出。"

"我们要让世界人民对我们的鲁班精神和木作文化更加了解。"李德鑫表示，自己参加世界技能大赛可以向各国优秀选手学习，同时也通过自己的技艺向世界展示中国的"工匠精神"，展示中国家具制作的高超水平。

中国是世界第一家具制造大国，也是第一家具出口大国，在全世界人民的家具消费中发挥着举足轻重的作用。中国家具行业因实行标准化、工业工程化，依靠精益生产和精湛管理，其制造技艺已经处于世界领先水平。同时，中国选手在比赛时也经常融入中国的传统榫卯结构和家具样式，既宣传了中国文化，也让更多的传统木作技艺更好地展示给世界。李德鑫说："中国独特的木工文化在灿若星河的世界文化里显得特别耀眼，是一颗光芒万丈的明星。我们以比赛为契机，不仅要向世人展示中国技能，更要向世人宣传中国传统木作文化的精神，这是一种'工匠精神''鲁班精神'。"

李德鑫2021年毕业于江西环境工程职业学院家具艺术设计专业，目前是该校教师，曾获得"全国技术能手""全国青年岗位能手"称号。他说，传统木工是中国文化的重要组成部分，木作文化从古至今贯穿着中华民族的历史。自己的理想就是要把传统的木作文化融入生活，让青年人对中国独特的木作文化产生强烈的自豪感和自信心。

在李德鑫看来，他自己是幸运的，因为赶上了国家高度重视技能人才队伍建设、大力发展职业教育和技工教育的黄金时代。国家一系列政策红利的释放，让有志于职业技术的人才有了更多用武之地，"工匠精神"也得以薪火相传。他说："我认为，在这个黄金时代，未来一定有更多的大国工匠涌现。"

以赛促学、校企合作推进技工教育

"以赛促学"是培养新时代工匠人才、提升技工教育质量的重要方法之一。目前，我国已经建立起完备的职业技能大赛体系，借鉴世界技能大赛的理念和模式，完善职业技能大赛机制，每年举办各类职业技能大赛、技工院校技能大赛等系列赛事，直接带动数千万人次参加岗位练兵、技能比武，让学生全面掌握技能，真正做到学以致用。

同时，以广东为例，广东已形成以技师学院为龙头、高级技校和普通技校为基础、公办与民办互补、学制教育与职业培训并重的现代技能人才培养体系，创建了技工教育"广东模式"，被誉为"全国技工教育的一面旗帜"。

技工教育改变了学困生的人生。2019年，22岁的何坤林在来到东莞市技师学院之前，他并不是传统意义上的"好学生"。中职毕业后，在广东务工的父母决定将他送到东莞市技师学院学一门手艺。机缘巧合之下，何坤林进入了中德班。

打破学科体系、以工作过程为导向的学习领域，把教学转化为工作的教学模式，让何坤林重新对学习产生了兴趣。"比起理论学习，我更愿意动手实操。"何坤林说。2019年，经过四年学习，正当他犹豫要以什么工作开启职业生涯时，学校给了他一个"走出去"的选项：前往德国戴姆勒（奔驰）总部工作。"德国所拥有的技术与知识都是世界顶端的，这正是一份心仪的工作。"何坤林欣喜不已。经过一系列的实操演练、口语面试，最终，何坤林成功进入戴姆勒的聘用者名单。实习期间，他获得每个月2500欧元（税后）的工资，换算成人民币，将近2万元。何坤林的故事，正是我国技工教育瞄准国际先进办学模式，创新推行"校企双制"，积极"走出去""引进来"的缩影。

工业强国建设离不开殷实的高技能人才队伍，我国正在迈向高质量发展阶段，技工人才培养教育如一驾马车，拉起了一支知识型、技能型、创新型高技能人才队伍，为我国经济高质量发展、迈向现代化提供强有力的人才支撑。世界赛场上可喜的成绩、完备的技工教育体系也吸引着更多的年轻人投入技能岗位上，在社会上形成了技能成才、技能致富、技能报国的价值理念。

（资料来源：新华网，《光明日报》《新时代文明实践广东精品教案》）

事中有道

初露锋芒，笑傲赛场

近年来，在国家相关政策扶持和党中央的坚强领导下，我国专业技术培养工作取得显著成效，人才队伍规模迅速壮大，改革取得重大进展，评价机制和服务体系不断完善，人才作用越来越突出，有力地促进了经济增长。我国以2035年建设人才强国为目标，加快适应高质量发展阶段，不断培育壮大高素质专业技术人才队伍。不断深化改革，完善人才评价和激励机制，引导和鼓励更多专业技术人才投身创新创业，为各类人才施展才华创造良好环境。

适应时代需要的教育改革需要加快建设现代职业教育体系，在校园中培养更多高素质的技术人才。当前中国正在进入高质量发展阶段，职业教育改变了更多人的命运，为民族复兴提供了强大的人才和技能支持。技能型人才是支撑中国智造的重要力量。加强高级技工等高素质人才队伍建设，对于巩固和发展工人阶级先进性，增强国家核心竞争力和科技创新能力，缓解就业结构性矛盾，提升我国工业竞争力具有重要意义。

通过职业教育改变贫困学生的人生方向和发展目标。何坤林来到东莞技师学院之前，并不是传统意义上的"好学生"。从职业学校高中毕业后，在广东打工的父母决定送他到东莞技师学院学习一门手艺。通过打破学科体系，将教学转变为工作为本的教学模式，何坤林最终前往德国企业工作。钟世雄由于高考成绩不理想，被父亲送进了技校。经过一场又一场的比赛，最终成为了世界冠军。以优异的成绩回国后，他留在学校培养更多的人才。在2022年世界技能大赛上，中国代表李德鑫获得了家具制作项目角逐资格并勇夺金牌，这是中国代表团在这届世界技能大赛上取得的首枚金牌，也是中国自参加世界技能大赛以来在家具制作项目上夺得的首枚金牌。

强国之基，中国智造

制造业是我国经济发展的大动脉，在全球经济竞争的环境下，制造业成为我国经济内生动力的重要源泉，是国际竞争、国防安全中赢得战略主动的重要根基。当前中国供给侧结构性改革正在经历深水期吃劲儿的关键时期，产业结构不断优化，速度不断提升，传统产业技术不断升级，中国正在努力向全世界推广中国智造的先进经验。我国深入实施制造强国战略，制造业发展取得历史性成就，有力地夯实了我国经济发展的根基。制造业的历史性成就，也为新时代青年开辟了广阔发展空间和成才路径。

巩固和实施强国战略任重道远，需要新时代青年担当作为。做强做优做大制造业和实体经济，促进产业升级，必须贯彻专业技术人才优先发展的理念，将专业技术人才发展与产业发展有机结合起来。把促进制造业整合发展与吸引更多专业技术人才投身制造业相结合。切实保障劳动者权益，为劳动者提供安全保障的工作条件，合理合法的工资待遇，透明可见的上升方式，为潜在的劳动风险提供有力支撑，吸引更多专业技术人才投身制造业。

目前，我国已建立完善的职业技能竞赛体系，以世界技能竞赛的理念和模式为基础，完善职业技能竞赛机制，举办各类职业技能竞赛等系列赛事。职业技能教育作为我国近年来人才发展的重要方式，世界技能大赛是目前世界上规模最大、影响力最大的职业技能大赛，素有"世界技能奥林匹克"之称，其竞争水平代表了世界各领域专业技能发展的高水平。人们通过技能培训，提高自身的技能水平，积极参加世界技能比赛，让学生充分掌握技能，真正学以致用。这种方式进一步提高了中国的专业技术人才的国际影响力，为中国智造提供了更为坚实的人才基础。

育才造士，为国之本

加强专业技术人才培养工作的指导思想，要不拘于职业教育内在规律的要求，正确认识专业技术人才对职业教育的价值。为深化职业教育改革提供思想武器，奠定现实的发展基础。要在教育改革的全过程中培育专业技术人才，需要在课程设置、实践教育、思想政治教育、课后实践等教学环节完善教育内容。通过必要的人文课程、职业教育、技术理性的培养，培养学生良好的综合素质教育和可持续发展的能力。在实施产教融合交流中，利用校企合作人才培养改革平台，加强专业技术人才的文化教育和实践教育，将"工匠精神"与人才培养有机结合起来。

通过技术活动和技能培训，在师生共同成长的实践中，要以专业技术人才的培养为出发点和载体，赋予师生密切互动、共同成长的机制，这样才能使技术与人文有机统一在教与学的过程中。因此，培养"工匠精神"是高职院校全体教师教育改革和教育理念创新的新挑战。一方面，学校在教育学生的过程中要不断输入"工匠精神"的理念，形成独特的校园文化软实力。另一方面，将学校教育与社会培养有效衔接，使广大技术型学生真正能够从事专业技术性工作，在全社会树立技能可贵的良好氛围，为职业技术人才软实力的生存奠定社会基础。

工业强国的建设离不开一支经验丰富的专业技术人才队伍。自2011年中国首次亮相世界技能大赛以来，中国青年工匠多次获得世界冠军，在国际舞台上展现了中国青年工匠的力量。我国正进入高质量发展阶段，专业技术工人的培养教育培养了一大批技术扎实、勇于创新的高素质专业技术人才为国家服务，为经济高质量发展和现代化建设提供强有力的支撑。他们在世界舞台上取得的可喜成绩，也吸引了更多的年轻人投身于技术岗位，形成了技能成才、技能致富、技能报国的思想理念。

二、我们心中的政治现代化：
民主是现代化的目标

（一）"实现几代人的夙愿"：
名教授讲述民法典背后的故事

📖 来龙去脉

作为市民社会的基本法，民法承载着丰富的政治、经济、社会、文化等诸多功能。而民法典作为我国法治体系的民族史诗，其编纂或修订历来举世瞩目。习近平总书记指出："民法典在中国特色社会主义法律体系中具有重要地位，是一部固根本、稳预期、利长远的基础性法律，对推进全面依法治国、加快建设社会主义法治国家，对发展社会主义市场经济、巩固社会主义基本经济制度，对坚持以人民为中心的发展思想、依法维护人民权益、推动我国人权事业发展，对推进国家治理体系和治理能力现代化，都具有重大意义。"习近平总书记的这段话，高度地肯定了民法典对我国法治建设的重要意义和重要价值。民法典是与百姓生活联系最为密切的法律。一个人从出生、教育、成长，到工作、结婚、买房，再到生子、养老、死亡，一生中的重要时刻乃至每时每刻都与民法典有着千丝万缕的联系，看民法典就仿佛在看这个时代这个国家一个最普通百姓一生的故事，这是民法典特有的柔情和温暖。

1. 这次一并修改了民法总则的标点符号用法，不能认为是立法者的任性。民法典中的文字以及标点符号，包括逗号、顿号如何运用，都是经过无数次仔细推敲的。

2. 民法典体系完整、时代特色鲜明、权利保障全面，不仅好看，而且管用。

3. "只要每个人都做好自己分内的事，民法典就能够真正成为社会生活的百科全书。"

清华大学教授周光权在法学院从事刑法学教学、科研工作，用他的话讲，自己的"专业槽"是刑法。但这位刑法学者与民法典却有着不解之缘。周光权是十二届、十三届、十四届全国人大代表，目前是第十四届全国人大宪法和法律委员会副主任委员。这些工作经历，使得他全程参与了分两步走的民法典编纂工作，见证了民法典诞生的全过程。这让他对新中国第一部民法典可以说是情有独钟。周光权曾接受《法治日报》记者采访，讲述了民法典背后的立法故事，描述了一名立法工作者眼中民法典的样子。

"实现几代人的夙愿"

2020年5月28日，北京人民大会堂，十三届全国人大三次会议表决通过新中国首部民法典。在主持会议的栗战书委员长宣布民法典通过的那一刻，热烈的掌声经久不息。作为2886名出席代表中的一员，周光权也投下了庄严的赞成票。

值得一提的是，由于2020年全国"两会"是在特殊时期召开的，会议日程进行了压缩，但即便如此，代表们对民法典草案的审议依旧极其投入。仅5月24日下午，本着认真负责的态度，35个代表团的1100多名代表提出了1800多条宝贵意见。5月25日上午、26日下午，各代表团又对民法典草案进行了审议，提出了很多重要的意见和建议。

而立法机关直到最后一刻也还在努力着。周光权所在的全国人大宪法和法律委员会分别于5月25日上午、26日晚上针对各位代表提出的意见进行了认真讨论。经反复研究，草案中新增了一些与公民个人利益紧密关联的新规定。比如，5月26日晚经讨论，决定在"个人信息包括姓名、出生日期、身份证号码、生物识别信息、住址、电话号码、电子邮件、行踪信息等"中增加"健康信息"。

2879票赞成、2票反对、5票弃权。最终，这部新中国史上第一部以法典命名的重磅法律获高票通过。

"这次民法总则和各分编'合体'并最终以民法典的名义颁布，确实是实现了新中国几代人尤其是法律人的夙愿。"周光权说。

"认为并无新意完全是误解"

民法典通过后，有观点认为，民法典编纂就是现行民事法律汇集起来，并没有什么新东西。这在周光权看来，完全是误解。

"立法机关不仅仔细梳理了现行民事法律之间可能存在的冲突，将其体系化、科学化，还做了大量可圈可点的工作。"周光权说。

他列举了一个最为典型的例子——夫妻共同债务问题。由于现行婚姻法仅规定夫妻关系存续期间的财产为夫妻共同财产，所以在实践中，很多妇女在离婚后收到法院发来的应诉通知才知道离婚前丈夫做生意欠下了巨额债务。有的人因此生活陷入绝境，境遇非常凄凉。而实际上，在司法实践中也确实有很多案件是前夫伙同他人伪造证据骗取被害人财物。因此这一问题社会反响强烈。仅从2017年底到2018年初，周光权作为全国人大代表就收到了500多封关于修改婚姻法夫妻共同债务规定的信件。此次民法典就对这一问题及时作出回应，吸纳了最高法院司法解释的合理内容，从而把法律漏洞堵住。

此外，一些现代信息社会中独有的问题此次也在民法典中反映出来。比如，详细列举容易发生侵权的领域、环节、行为类型，对隐私和个人信息进行全方位的保护。又如，专门规定基因编辑等科学实验必须遵守法律受到科学伦理的约束，等等。

"所以，实际上，立法上把公众最为关心的问题列举、梳理出来并积极予以解决，做到了民有所呼、法有所应。"周光权说。

"文字以及标点符号经过无数次推敲"

2019年11月底，北京小汤山会议中心，全国人大宪法和法律委员会在此召开了3天的闭门会，逐条逐句讨论民法典草案。

可以说，对民法典，立法机关倾注了大量心血。全国人大常委会对民法典总则及各分编在十多次常委会会议上分别进行审议，全国人大宪法和法律委员会更是进行过数十次讨论。

但在民法典通过后，也有些声音认为这部法典，大到法条设计，小到标点符号的运用还都有很多不足。尤其是网上还出现了对民法典第一千二百五十九条和第一千二百六十条顿号使用不当的批评，认为这违反了原国家质检总局标准化管理委员会2011年发布的《标点符号用法》的规定：标有引号或书名号的并列项之间（连续的双引号、书名号之间）不用顿号。甚至有人认为，这是立法者的任性，属于"立法事故"。

对此，周光权并不认同。在他看来，有关标点符号的异议是站不住脚的。"标准只是推荐性国家标准，强制力有限。目前有关顿号的使用也确实不统一，但是民法典的做法不能算错。"周光权解释说，按照2009年全国人大常委会《立法技术规范》，连续的双引号、书名号之间可以加顿号。这次一并修改了民法总则的标点符号用法，不能认为是立法者的任性。民法典中的文字以及标点符号，包括逗号、顿号如何运用，都是经过无数次仔细推敲的。

"民法立法虽然没到'两句三年得、一吟双泪流'的程度，但是，字斟句酌是毫不夸张的。"周光权说。

"有些没规定不能认为就有漏洞"

"民法典可能有一定不足，但是并没有那么多漏洞。"周光权强调说，虽然有些问题此次并没有最终在民法典中加以规定，但是在立法过程中也是经反复讨论的。

他以网约车平台的侵权责任以及自动驾驶汽车的侵权责任为例。这两个问题今后将越来越突出，但由于这方面问题比较复杂，国外对此也没有太多立法经验可以借鉴，民法典并未作出规定。但这两个问题，无论是在全国人大常委会会议上还是宪法和法律委员会会议上都曾多次进行讨论。"没有作规定，不意味着立法者从未关注某一问题。对这些侵权行为，可以参照现有侵权责任相关规定依法处理。"周光权说。

从事多年立法工作，在周光权看来，立法是遗憾的艺术，但同时也是"留白"的艺术。"民法典立法可能有遗憾，但是并不能就此认为立法有很多'明摆着'的漏洞。而且民法典第十条规定，处理民事纠纷，应当依照法律；法律没有规定的，可以适用习惯。这就意味着有的人眼中所谓的'漏洞'也是可以通过法律解释、适用习惯予以填补的。"

"总之，民法典立法是21世纪中国立法机关完成的重大立法工程。从总体上看，民法典体系完整、时代特色鲜明、权利保障全面，不仅好看，而且管用。"周光权说。

"要尽其所能解释好民法典"

2021年1月1日起，民法典施行。对此，周光权有两点期盼：一是希望公众能够在民法慈母般目光的注视下，安心地享受生活；二是希望各界尊重民法典，要尽其所能解释好民法典，实现立法意图，发挥民法典在推进社会进步和促进人的全面、自由发展方面的功能。

谈及如何贯彻实施好民法典，周光权认为，这是一个系统工程，离不开全社会的共同努力。"对于个人而言，在参与社会生活时诚实守信，恪守承诺就是在践行民法典的精神；对于法官而言，严格按照民法典的规定处理民事案件，定纷止争，就是在不折不扣地实施民法典；对于企业尤其是互联网企业而言，在追求利益的同时不损及公民人格权尤其是隐私权、个人信息权，就是在遵守民法典；对于国家机关及其工作人员而言，在行使公权力的同时，充分关注、尊重行政管理相对人的合法民事权利，就是在带头贯彻实施民法典。"

"总之，民法典的实施值得期许。只要每个人都做好自己分内的事，民法典就能够真正成为社会生活的百科全书。"周光权说。

（资料来源：《法治日报》）

🔲 事中有道

"人民至上"理念贯穿始终

民法典的颁布，既标志着开启中国法治新时代，也寄托着人民群众对美好生活的向往，更是"人民至上"这一执政理念的最好体现。民法典是一部固根本、稳预期、利长远的基础性法律。民法典之于百姓权利、社会治理、国家法律体系的地位和意义，以及国家立法机关、几代民法学家和法律工作者为此付出的努力，越来越清晰地展现在公众面前。

制定一部统一的民法典，是新中国几代人的夙愿。从1954年首次启动算起，中国的民法典编纂之路已经走了整整66年。编撰法典是具有重要意义的法治建设工程，是一个国家、一个民族走向繁荣强盛的象征和标志。民法典在编撰过程中通过广泛了解社情民意，坚持走群众路线，"开门立法"，全面采集众智民声。据统计，这部公众参与意见最多、集大成于一身的民法典，在编纂过程中，法工委先后10次通过中国人大网公开征求意见，累计收到42.5万人提出的102万条意见和建议，针对意见反映集中、争议较大的问题专门召开座谈会，实现了民之所呼，法有所应，以其浓浓的人文关怀，传递出了一部良法的温度，充分体现了"以人民为中心"的编撰过程。

民法典的编纂不仅充分体现了民主立法、科学立法，更体现了其与时俱进的时代特征，民法典的内容并不是推倒重来，也不是简单的法律条文的汇编，而是总结过去立法，关注社会实践和发展，删繁就简，去粗取精，完善体系，对原来单行法基础之上的修正完善，成为科学立法、民主立法的一座里程碑。总之，民法典是一部具有中国特色的法典，一部以人民为中心的法典，一部真正属于中国人民自己的法典，是中国法律的鸿篇巨制，是人类法治史、文明史的一桩大事件。

"以人民为中心"回应民众的呼声和期盼

民法典是新中国成立以来第一部以法典命名的法律，被誉为"社会生活的百科全书"和"保障民事权利的宣言书"。这部民法典，不是所有民法的简单叠加，也不是创设了一部新的民法，而是对各种民法"合体"后作了调整和完善。民法典是"民有所呼、法有所应"的体现。实施民法典是一项系统工程、长期工程，各环节环环相扣。

法律不是冷冰冰的，而是在理性中贯穿着温情，在规则间传递着价值。民法典的体系构建以民事权利为"中心轴"展开，始终尊重人民的意愿，充分反映人民的利益诉求，让人民生活得更有尊严。例如，人格权编成为我国民法典的一大亮点、一大特色，受到国内外广泛关注和好评，人格权独立成编，可以提高我国的人格权保护水平，彰显民法典编纂坚持"以人民为中心"的发展思想，把维护人的尊严、保障人民利益放在至高位置。此外，还有针对高空抛物坠物致人损害事件、套路贷、高利贷等违法犯罪行为，明确了胎儿也有继承权，明确了夫妻共同债务的范围等等。这部法典包含了对社会现实的回应，对弱势群体的关照，对价值观的引领，彰显了法安天下、德润人心。

民法典是一部体现对生命健康、财产安全、交易便利、生活幸福、人格尊严等各方面权利平等保护的法典，充分体现了对民事主体人身权利、财产权利以及其他合法权利的全面保护。实施好民法典，是坚持以人民为中心、保障人民权益实现和发展的必然要求。

开启治理现代化的新时代

法律，国之重器；法典，则是重中之重。2021年1月1日，民法典正式生效实施，标志着中国正式步入"民法典元年"，成为中国在全面推进依法治国历史进程中的一个里程碑事件。与之相配套，最高人民法院在年前及时对原有的司法解释进行了清理，并发布首批民法典配套司法解释。

民法典是全面依法治国的重要制度载体，对推进国家治理体系和治理能力现代化，都具有重大意义。依法治国和依宪治国是提升国家治理能力的重要途径。尊重民法典赋予人民群众和市场主体的权利，会极大地激发社会发展活力，在尊重私权利的前提下充分发挥公权力的效能，促进法治政府建设。从社会层面来看，民法典提升了社会治理效率。民法典所建立的各种法律规范和制度，包括主体制度、物权制度、合同制度、人格权制度、婚姻家庭制度、继承制度、侵权责任制度等，都与国家治理密切关联，是实现国家治理体系和治理能力现代化的重要载体和具体体现，都要实实在在地作用于社会的现实领域，贯彻到我们每一个自然人、团体的身上，落实到我们从事民事活动的时时刻刻。

民法典为经世济民、治国安邦的国之重器，同改革开放的实践成果一样，必将经受历史和人民的考验。立善法于天下，则天下治。民法典的颁行将进一步完善我国社会主义法律体系，推动我国国家治理能力，提升我国政治文明水平。

（二）群众利益无小事，法律援助暖人心

📖 来龙去脉

法律援助，帮受害残疾人要回生活费

"你好，请问是固原市法律援助中心吗？我想寻求法律帮助，身体不便，请问你们能提供上门援助吗？"这是2020年7月9日，宁夏固原市公共法律援助中心接到的一例特殊电话来访。

通过简单的询问，得知需要帮助的买某是居住在固原市中心敬老院双腿残疾的建档立卡人员，符合法律援助条件，固原市司法局立即指派中心值班律师和工作人员上门提供援助服务。

经了解，买某原本是宁夏固原市原州区官亭镇杨洼村二组7号的农民，父子俩都是残疾人，无人照料。买某通过网络相识某女，双方达成由买某出借仅有的2万元给某女并由某女照顾父子二人的口头协议，后某女未照顾父子二人，也拒不返还买某的借款。买某的情况符合法律援助条件，固原市法律援助中心当场决定给予当事人买某法律援助，并指派了法律援助律师。

及时提供法律援助，保护被告人合法权益

"特别感谢法律援助，我的生活费有了着落，让我的生活有了更大的希望。"听到自己案件能够得到免费法律服务后，买某脸上露出了欣喜的笑容。

因疫情影响，固原市中心敬老院尚未解除封闭管理，律师和工作人员只能在门外与受援人交谈。虽然隔着一扇门，但阻挡不了法律援助对弱势群体的关爱。

"谢谢你们，帮助我维护了合法权益。"近日，宁夏中宁县法律援助

中心收到受援人曹某虎送来的一面锦旗。锦旗上写着"司法援助为民解忧"。曹某虎非常感谢法律援助中心和援助律师刘红的帮助。

2020年6月11日，经中宁县人民法院通知辩护，中宁县法律援助中心依法指派宁夏中宝律师事务所刘红律师为刑事被告人曹某虎提供法律援助。刘红在接到指派通知后，会见了曹某虎，经其本人同意，担任刑事被告人曹某虎的辩护律师。

在刑事公诉书中，公诉机关建议对曹某虎以危险驾驶罪判处拘役3个月，并处罚金3000元的刑罚。

刘红了解到曹某虎在审查起诉阶段就签订了《认罪认罚具结书》，纵观全案，曹某虎实施的犯罪行为后果轻微，系初犯、偶犯，对社会的危害性小，自始至终认罪，积极赔偿了被告人的经济损失，并取得了被害人的谅解，具有悔罪表现，遂建议法院对曹某虎适用缓刑，给曹某虎一个认识错误、改过自新的机会。最终法院采纳了辩护律师刘红的辩护意见，对曹某虎判处拘役3个月，缓刑5个月的刑事判决。

本案中，刘红本着刑法以预防犯罪为主、惩罚犯罪为辅的刑事法律原则，让被告人受到惩罚的同时，给被告人一个受到教育、洗心革面的机会。

加大案件旁听力度，维护受援人合法权益

为加强对法律援助案件服务质量的有效监督，提高法律援助律师的服务能力，提升法律援助案件质量，维护受援人合法权益，石嘴山市公共法律服务中心积极与庭审法院协调沟通，先后指派本机构工作人员、律师到石嘴山市中级法院、盐池县法院、平罗县法院对法律援助案件进行旁听庭审，对法律援助案件承办人办理案件情况及时进行评价。

旁听人员对法律援助案件承办人进行评价的主要内容包括：对庭审礼仪、庭前准备、语言表达、适用法律和应变能力、承办人对案件的熟知程度、举证情况、书面代理（辩护）词质量、律师是否遵守法庭秩序及尊重其他诉讼参与人等方面进行打分，旁听庭审人员坚持客观、公正、实事求是的原则填写旁听记录表，法律援助机构及时收回旁听记录表，对旁听意见进行汇总和综合评价，给出评价结果。

这几年以来，石嘴山市法律援助中心组织人员对30件涉黑涉恶案件进行了旁听庭审，并将旁听记录表附卷，作为对案卷评查定类的主要依据，实现法律效果和社会效果的有机统一。石嘴山市公共法律服务中心将继续严格按照法律援助案件旁听制度的要求，加强对法律援助民生工程的监督管理，提高旁听庭审比例，着力提升法律援助民生工程服务质量，最大程度地维护受援人的合法权益。

为现役军人"量身定制"办证方案

在中宁某部队服役的年轻士兵童某遇到了一个棘手问题，让他一筹莫展。原来，童某要在老家购买房屋，因购房程序复杂，需童某亲自办理的事项烦琐且耗时，再加上部队纪律严明，军人假期有限，童某无法回老家办理相关手续。

抱着试一试的心态，童某打电话给中宁县公共法律服务中心公证服务窗口咨询，公证员在了解到童某的具体情况后，告知童某可申请办理委托公证，委托在老家的姐姐代为办理购房的相关事宜，并一次性告知办理公证需要的材料和相关细节，"量身定制"了一套办证方案。

童某特向部队请了半天假期来到中宁县公证处办理委托公证，公证员为童某开辟"绿色通道"，优先受理，经公证员初步审核材料，核查相关证件，复印存档，指导签字摁手印等程序，考虑到童某的现役军人身份，还为其减半收取公证费用，最终童某顺利拿到了委托公证书。

这几年以来，中宁县公共法律服务中心设窗口，建制度，提质量，努力做好退役、现役军人法律服务工作。

除了为现役军人提供"量身定制"的法律服务，还为退役军人的权利维护也做了相应工作。中宁县公共法律服务中心为2名年满60周岁的退役军人的养老保险发放问题与退役军人事务局、社保局沟通协调相关事宜，并解读相关法律法规和政策；开辟退役军人"法律援助绿色通道"，受理一起退役军人因社会保险待遇纠纷申请的法律援助案件。

7月13日，杨某某等31人涉黑涉恶案件在盐池县人民法院公开开庭审理。盐池县司法局法律援助中心接受县人民法院的指派辩护人通知书，指派12名执业5年以上，政治过硬、业务能力强的援助律师和专职律师出庭为12名被告人提供刑事辩护，充分保障被告人的辩护权利。

在庭前会议时控辩双方围绕是否申请回避、提出管辖权异议，是否申请不公开审理，是否申请调取或者提供证据材料、申请重新鉴定或勘验，申请证人、鉴定人出庭问题，关于本案的举证方式等问题进行了讨论。

自扫黑除恶工作以来，盐池县司法局把扫黑除恶专项斗争作为一项重要政治任务提上重要议事日程，依法指导律师开展案件辩护代理工作，坚决打好涉黑涉恶案件律师辩护代理"法律仗"，为推动盐池县扫黑除恶专项斗争向纵深发展做出积极的贡献。

（资料来源：腾讯网）

🏛 事中有道

以人民为中心，应援尽援

法者，治之端也。法治建设的逐步开展需要不断完善法律保障体系，而法律援助是法律体系的重要制度之一。法律援助要坚持"以人民为中心"的服务理念，既不是口号，也不是空话，要让百姓切切实实地感受到温暖，努力让每一个困难群众都能获得平等的法律保护。

法律援助的对象都是因经济困难，无能力或无完全能力支付法律服务费用的群众，最终目的是想群众之所想，帮群众之所需，最大限度地为当事人提供便利，最大限度地保障受援人的合法权益。尽责做好法律援助工作，让广大弱势群体投诉有门，降低法律援助门槛，对农民工、下岗失业人员、妇女、未成年人、老年人、残疾人和军人军属等群体的援助申请，优先受理，并提供优质服务，扩大服务的覆盖面，将更多困难群众纳入法律援助范围，努力做到应援尽援，应援优援。

无人照料的残疾父子、现役军人的"量身定制"的法律服务等并不一定是惊天动地的大事，却可以是关乎群众生活的小事情，正是这些细水长流的援助，不仅直接给群众树立良好的印象，而且直接影响到老百姓家庭的幸福感。法律援助深得人心，在群众心目中树立了好口碑。"春江水暖鸭先知"，老百姓的口碑就是金杯银杯，群众对法律援助人的信赖和重托，是对感知公平正义后内心情感的表白。在实际中，通过法律援助宣传、摆放展板、悬挂横幅、设立宣传台、现场法律咨询解答、发放宣传资料、向过往群众宣传普及法律知识，引导群众学法、遵法、守法、护法，受理法律援助案件，为群众解决实际困难，做到应援尽援。

仗法律之剑，暖弱者之心

随着社会的不断发展，越来越多的人意识到法律援助的重要性，但同时也有越来越多的人为法律援助提出新的问题。法律援助就是一项为政府分忧、为百姓解困、依法化解矛盾纠纷的工作。法律援助不仅仅给受援人带去了温暖和幸福，受援人对援助中心和援助律师的尊重、信任以及感谢也让援助中心的每个工作人员感受到莫大的幸福。每一份法律援助案件不仅体现了法律援助律师的专业素养，维护法律面前人人平等的原则，更在于保证这一宪法原则变成现实。

法律是治国之重器，应与时俱进、及时回应社会现实。从2022年1月1日起，《中华人民共和国法律援助法》开始实施，制定法律援助法是完善人权司法保障制度的迫切需要，是保障法律援助工作规范有序开展，实现应援尽援的必然要求，是促进法律正确实施、维护社会公平正义的一项重要法律制度。同时，该法的制定提升了法律援助在国家法律体系中的地位，明确了各个国家机关在法律援助中的责任和义务，有助于当事人实质性获得法律援助。随着相关立法的实施，我国的法律援助体系不断完善，让援助有法可依，充分体现了国家政府心系群众利益，关心群众问题，为群众排忧解难，维护了广大人民群众的合法权益。立法的完善，有助于广大群众的普法教育，为律师履行法律援助义务提供了有力的法律支撑和保障。

法律援助法的颁布，是我国法律援助制度建设的一个重要里程碑，对于保障司法公正、更好地维护公民合法权益、保障法律正确实施，意义重大。同时，法律援助法的实施提高了人民群众的法律意识，为推进依法治国的顺利实施提供了保障，让法律援助真正惠及于民，让越来越多的社会力量和资源参与法律援助的工作中，从而体现人民律师为人民服务的宗旨和追求。

为困难群众撑起"爱心伞"

法律援助工作是维护法治精神、弘扬社会公平正义的工作，是提供优质高效公共法律服务、满足人民日益增长的美好生活需要的工作，也是一项特殊的扶贫帮困群众工作。法律援助工作是切实维护人民群众合法权益的一项重要民生工程，使人民群众尤其是经济困难群众可以平等享有获得法律服务的机会，切实感受到社会的公平正义。法律援助体现的是为民理念，从优用足法律政策，积极为困难群众提供有效法律援助，困难群众通过法律援助感受到了国家法律和人民司法的公正与温暖。

以"群众满意"为出发点和落脚点，畅通农民工、残疾人、老年人等重点人群的法律援助绿色通道，实现应援尽援，切实解决群众"急难愁盼"的问题，为困难群众撑起"保护伞"，推动让更多群众了解法律援助，提升群众对法律援助的知晓率和对法律服务需求的满意度，及时化解社会矛盾和纠纷，维护群众合法权益。

法律援助不仅仅停留在立法层面，需要参与者亲耳去听、亲身了解，理解身处困难中的群众的真实疾苦，同时也要体会办案人员的辛劳，既保证受助群众在每一个援助案件中感受到公平正义，让更多困难群众明白遇事懂得找法，又要加强办案人员的经费保障，确保法律援助制度价值的发挥，提高法律援助质量。一切从受援人的真实需求出发，尽最大可能维护受援人的合法权益，法律援助的真正意义，藏在每一起小小的案件中。

（三）发扬全过程人民民主的典范：温岭民主恳谈会

来龙去脉

习近平总书记在党的二十大报告中指出："全过程人民民主是社会主义民主政治的本质属性，是最广泛、最真实、最管用的民主。"同时又指出："全面发展协商民主。协商民主是实践全过程人民民主的重要形式。完善协商民主体系，统筹推进政党协商、人大协商、政府协商、政协协商、人民团体协商、基层协商以及社会组织协商，健全各种制度化协商平台，推进协商民主广泛多层制度化发展。"习近平总书记的重要论述为我们发展多种形式的协商民主，深入实践全过程人民民主提供了根本遵循。

协商民主的形式广泛，除了我们最熟悉的政协协商以外，还有许多能顶事、能解决实际问题的协商方式。这些协商方式在基层民主实践和社会治理中，发挥着重要作用，对社会大局的稳定和经济、民生的发展起着不可替代的作用。

20世纪90年代末以来，在浙江的温岭，就有这么一种民主实践方式——民主恳谈会，不仅创造性地解决了基层治理中的各种问题，也创造了学术界中的一个典范，走上了专家学者的案头，走入了课堂和学术之中。甚至，在2022年1月14日《人民日报》头版刊登的《"窑洞之问"的答卷人》中也提到了温岭的民主恳谈会。从田头到案头，温岭的民主恳谈逐渐成为样本，带来了深远的意义和深刻的影响力。

温岭民主恳谈会的诞生

民主恳谈会，最初是一种思想政治工作形式，它诞生于1999年。当时，温岭市松门镇借鉴电视中看到的记者招待会，采取"与群众双向对话"的方式来举办"农业农村现代化教育论坛"试点，主题为"推进村镇

建设　改善镇容村貌"。没想到效果奇佳，200多名热情高涨的群众自发赶来，畅所欲言。这就是温岭"民主恳谈"的初始形态。

2000年8月21日，中共温岭市委在《关于在我市非公有制企业开展"民主恳谈"活动的意见》中指出："企业'民主恳谈'活动，是企业主与企业职工之间交流沟通的一种重要方式，是加强和改进我市思想政治工作的一个重要载体，是非公有制企业思想政治工作的有益探索。"

温岭民主恳谈会的初步发展

2001年是"民主恳谈"正式冠名的一年。从这一年开始，民主恳谈由思想政治工作的创新载体转向基层民主形式。2001年6月12日，中共温岭市委出台《关于进一步深化"民主恳谈"活动　加强思想政治工作　推进基层民主政治建设的意见》，"将'民主恳谈'活动推向基层和各个领域，做到纵横延伸。要积极创造条件，使民主恳谈从现在的乡镇（街道）、村、企业三个层面，进一步延伸到城镇居民社区、基层事业单位、党政机关、群团组织。"

松门镇的成功经验很快被推广到全市的各个乡镇，并从对话型恳谈发展到决策型恳谈。到2002年初，温岭市参加民主恳谈实践的群众达到30万人次，占全市总人口的1/4以上，提出的意见建议有1.5万条之多，当场答复的近万条，解决落实的占总数的1/3。

2002年10月9日，中共温岭市委在《关于进一步深化"民主恳谈"　推进基层民主政治建设的意见》中进一步指出："民主恳谈是新时期市场经济条件下扩大基层民主的一种新型的民主形式，是符合当今中国国情和我市实际的一种治理型的民主方式。深入推进以民主恳谈为主要载体的基层民主政治建设，真正把民主选举、民主决策、民主管理和民主监督落到实处，不断提高基层民主水平，对于建设有中国特色的政治文明有着重要的意义。"这个意见还提出，全市各地各部门都要把民主恳谈作为重大决策的必经程序。镇（街道）一级的民主恳谈，要建立重要事项决策听证制度，引导群众广泛参与全镇公共事务的决策、管理和监督。村一级的民主恳谈要建立重大村务村民公议公决制度，让广大村民充分行使自己的民主权利，当家作主，真正体现村民自治。

2003年发生在新河的羊毛衫行业工资集体协商，2004年针对党代表在党代会年会上提出的建议意见，中共温岭市委以民主恳谈的形式加以答复所形成的党内民主恳谈，都是从民主恳谈中脱胎而来的。

2004年9月29日，中共温岭市委出台《关于"民主恳谈"的若干规定（试行）》，对民主恳谈的基本原则、议题范围、参加对象、基本程序和实施监督作了明确规定，并赋予了群众"异议权"。"主持人应对领导班子会议做出的决定以及未被采纳的建议、意见、要求做出解释、说明。镇'民主恳谈'会，群众对宣布的决定持有异议，可向镇人大主席团或人大代表反映，若获得五分之一以上人大代表支持联名提出，镇人大主席团应召开人民代表大会表决做出决定。"

温岭民主恳谈会的转型升级

2005年，乡镇一级参与式预算从泽国镇、新河镇破题，2008年进一步向上拓展到市级部门预算。2009年1月10日，温岭市人大常委会专门下发了《关于开展预算初审民主恳谈，加强镇级预算审查监督的指导意见》，对乡镇参与式预算的基本程序作出了明确的规定，基本程序由会前初审、大会审查和会后监督三个环节组成。2010年6月25日，温岭市人大常委会对这一指导意见作了进一步的修订。在初审中，增加了选民代表的产生方式（如自愿报名、推选、随机抽取）和增加初审次数（如分村、分片或分专题召开恳谈会）等内容；在会后监督中，增加了设立镇人大财经小组和公开预算等内容。2011年12月30日，温岭市人大常委会专门通过了《温岭市市级预算审查监督办法》。其中的第3条规定："市人大常委会初审预算草案前，应当组织开展部门预算民主恳谈、组织召开预算征询恳谈会，引导公民参与预算方案编制讨论，实行参与式预算；年中审议预算执行情况前，可以组织开展民主恳谈，全面了解预算执行情况。"

2008年1月12日，中共温岭市委通过了《关于党内民主恳谈的若干规定（试行）》，明确下列需提交党委讨论决定的事项，应在党委决策前开展党内民主恳谈："1. 提交党代会、全委会审议的工作报告；2. 党代会代表提出的全局性或涉及面较广的提案；3. 拟出台的重要规范性文件；4. 党的建设的重大问题；5. 涉及经济社会发展的重大事项；6. 党员群众反映强烈的热点难点问题。"2011年8月8日，中共温岭市委印发《中国共产党温岭市代表大会"代表直通车"制度（试行）》，该制度规定："党代表大会闭会期间，代表可以个人或者以联名的方式，也可以'党代表工作室'的名义，采用书面形式向市委提出属于党代表大会和市委职权范围内的提议。"

2008年3月8日，温岭市对原有《关于开展非公企业行业工资集体协商工作的实施意见》（2004年6月）、《关于大力推广行业工资集体协商制度的实施意见》（2005年5月）加以重新完善修订，出台了《关于进一步完善和推进行业工资集体协商工作的意见》，从行业工资集体协商的组织领导、协商主体、主要内容、协商程序、监督落实等方面加以规范和引导。其中特别强调要遵循"依法协商"的原则，行业工资集体协商必须依照国家法律法规的规定，在科学严密测算的基础上确定合理的工资（工价）标准、工资支付方式，签订工资协商协议不得违背国家相关法律法规。

这一阶段的民主恳谈会已经被注入了"协商民主"的成分，而且恳谈的内容范围也不断扩大，已经成为协商民主的一种实践形式。

温岭民主恳谈会的全面深化

党的十八大之后，中共温岭市委于2013年4月28日，及时出台了《关于全面深化民主恳谈推进协商民主制度化发展的意见》，强调要在巩固已有成果基础上全面深化和发展民主恳谈制度，拓展民主恳谈新的发展领域，在政权机关、政协组织、党派团体、社会组织以及其他组织开展多渠道、多层次、多领域的广泛协商，使温岭民主恳谈成为中国基层协商民主的典型范式。这份意见充分体现了时代性的要求，对网上民主恳谈作出了明确的规定："合理利用互联网的开放性、互动性、多样性、即时性和空间灵活性，将互联网技术运用到公众参与中，鼓励社会公众网上参与，进行民主恳谈会场内和场外对话、协商的互动，使政府决策更多地集聚和体现公众参与者的智慧和理性的意愿。"

2013年12月19日，温岭市人大常委会专门通过了《温岭市街道预算监督办法》（以下简称《办法》），以解决街道没有本级人民代表大会而产生的财政预算监督"断层"问题。《办法》共7章26条，内容主要包括街道预算编制、审查和批准，街道预算的执行和监督，街道预算调整的审查和批准，街道决算的审查和批准，街道预算决算的公开和监督等内容。《办法》规定："人大街道工委在市人民代表大会会议举行的二十日前，应当组织召开预算收入和支出民主恳谈会，广泛听取本辖区选民对预算草案的意见。街道办事处主要负责人及其他相关部门负责人应到会听取意见，说明情况并回答询问。"

2018年，温岭市印发《民主法治村（社区）建设三年行动计划》，要求加强民主协商制度建设，建立健全民主恳谈会、民主听证会等机制，充分听取群众意见。

近年来，随着网络技术的发展，民主恳谈也与时俱进，现场线上线下直播互动的方式，成为有益补充。例如，2018年8月30日下午，温岭市政协召开"请你来协商"——物业管理专题恳谈会，首次尝试民主恳谈会网络参与和现场参与相结合。恳谈会直播吸引了近15万人次浏览，网友留言458条。

被誉为我国基层协商民主典型形式的温岭民主恳谈，经过23年的传承与弘扬，早已从初期对话式的恳谈、协商，深化到参与式的决策、预算，近年来还积极拓展到基层社会治理的各个领域。经过23年持续不懈的探索、深化、完善和发展，已基本形成了涵盖决策协商、预算协商、工资协商、党内协商、政协协商、社会协商、城乡社区协商等多个方面的基层协商民主制度体系。大至重大项目决策，小至群众烦心琐事，23年来，温岭已举行了3万余场大大小小的民主恳谈会。据不完全统计，温岭市平均每年要开1800场民主恳谈会，参与群众超过50万人次，经过协商决策的各类项目资金达250多亿元。

温岭的民主恳谈会已经走过了23年的不凡历程，其外延从镇、村级向市级延伸，从党外向党内延伸，从体制外向体制内延伸；内涵也从最初的以民主方式加强和改进农村思想政治工作向基层民主政治建设的决策咨询方向深化，从一般性事务的对话沟通向预算决算等核心方向深化，正在实践全过程人民民主的道路上越走越宽。

（资料来源：《协商治理的当代发展》、温岭发布微信公众号）

事中有道

人民民主，当家作主

人民民主是全面建设社会主义现代化国家的应有之义。全过程人民民主是社会主义民主政治的本质属性，是最广泛、最真实、最管用的民主。发展人民民主，必须坚定不移走中国特色社会主义政治发展道路，坚持党的领导、人民当家作主、依法治国有机统一。始终坚持人民主体地位，充分体现人民当家作主的意志、保障人民切实权益、激发人民群众创造活力。在践行全过程人民民主的过程中，协商民主作为一种重要形式，已经发挥越来越重要的作用。在当代社会的发展中，推进协商民主制度化，健全各种制度化协商平台，为广大人民群众提供发声的机会，真正使人民能够为自己的权益当家作主。

中华人民共和国是工人阶级领导的，以工农联盟为基础的人民民主专政的社会主义国家。不断深化认识民主政治发展规律，并在全过程中强化人民民主的主要理念，是中国共产党始终高举人民民主的旗帜，坚持在人民当家作主中把握社会主义民主政治的核心。没有民主就没有社会主义，就没有社会主义现代化。全过程人民民主中的协商民主要始终保障人民权益，用制度保障人民能够当家作主。

20世纪90年代末，浙江温岭创造了一种新型的民主实践方式。这种方式不仅创造性地解决了基层社会治理中的各种现实问题，而且也为学术界的专家学者提供了一种新的研究思路。浙江省的温岭恳谈会已经经过了23年的历程，恳谈会的开展方式不断延伸，内涵不断深化，正在实践全过程人民民主的道路上越走越宽。从田间到案头，温岭的民主恳谈会逐渐成为全国各地学习人民民主的典范，各方面内容逐渐成熟，为今后向全国推广奠定了框架基础。

现代发展，民主协商

协商民主在我国有悠久的发展历史，在中华民族的发展历程中，协商民主不仅具有文化和理论的根，而且具有实践和制度的源。我们党积极发展人民民主，不断完善基层直接民主制度和工作制度，创建了"恳谈会"

等民主协商方式。提高各级各领域人民群众的政治参与度，充分发挥参政议政的主动性和积极性。充分发挥人民的创造力，实现各种民主形式结合统一，更好地发挥中国特色社会主义政治制度的优越性，展现出协商民主的强大生命力，为全社会提供了更为强劲的民主动力。

民主协商坚持解决问题、促进工作、共同发展的规划导向，反对"为谈而谈""只谈不做"等空谈式的做法。以严格的工作机制规范引导城市街道，以典型案例为示范，督促各地充分发挥民主恳谈会在集思广益的作用，充分发挥民主恳谈会在全市工作大局中凝聚共识的作用。可以说，基层协商民主只有坚持解决问题的工作导向，才能取得实效，才能得到群众的支持，才能实现基层治理的全过程人民民主。中国当前社会的现代化发展中，离不开基层协商民主这一让群众发声的形式。畅通沟通的渠道才能更好地保证人民群众的利益不受侵犯。

从百姓事、百姓议，到大家事、大家办的转变，使得老百姓有了畅所欲言的机会。温岭民主恳谈会经历了转型升级和全面深化的过程，这种形式的不断发展不仅为广大人民群众切实解决了现实生活中的问题，而且让温岭成为人民民主的代名词，真正成为全过程人民民主的重要一环。浙江省的温岭恳谈会在1999年诞生了这种新型的思想政治工作形式，与人民群众开展深入和广泛的交流。在20世纪初，温岭恳谈会转变为基层民主形式。经过不断发展，温岭恳谈会的形式更加多样化，参与人数和举办场数不断增加，切实做到了让民主恳谈会成为全过程人民民主发展中协商民主的重要支柱。

问题导向，化解矛盾

全过程人民民主中的协商民主更注重从中国国情和全面建设社会主义现代化国家的实际出发，寻找正确的制度、机制和方法。这是由于协商民主可以切实听取广大人民群众的建议和意见，找到存在于基层社会的主要问题，从而针对性地化解矛盾。保障人民群众适当政治参与，依法表达利益诉求，依法享有表达自身权利的自由。问题意识是中共党员在做群众工作时必不可少的思维，可以有效地帮助人民群众化解矛盾，提高政府为民解忧的能力。

　　既有的矛盾和问题也可以通过民主协商解决。例如，自2003年温岭市全面推行行业工资集体协商以来，劳动争议逐年减少。从这个角度看，温岭市在基层社会治理方面的创新主要体现在坚持协商理念、践行协商民主。在这一过程中可以看出基层社会治理中化解矛盾是一项重要的工作，通过民主恳谈会的形式，可以充分听取人民群众的合理诉求，尽可能满足基层群众生活中遇到的难题，从源头上化解矛盾，实现基层发展和谐向前的新局面。

　　坊巷里社区是浙江省温岭主城区20多年来规模最大的旧城改造项目之一。居民们因各种诉求争论不休："电瓶车的充电桩能不能装在地下室一楼？""路灯改造后的电费谁出？"新年伊始，温岭召开坊巷里社区提升管理水平民主讨论会，广泛听取社区民众对于改造项目的意见和建议，让人民为了自身利益有发言权，每个人的问题由大家一起来讨论和处理。有解决问题的地方，这就是最大的民生。通过民主恳谈会，让每个人都能够参与民主的管理过程中，共同商量和解决现实生活中面临的困难，真正实现过程民主和结果民主相统一。

（四）人大代表架起社情民意的"连心桥"

来龙去脉

人民代表大会制度是我国的根本政治制度，人民通过选举人大代表参政议政，反映自己的意愿和要求，代表自己的利益。人大代表的权力是人民赋予的，人大代表享有的权利关系到国家和人民的利益。人大代表一头连着党和政府，一头连着万千群众。通过向社会广泛征求立法意见建议，发扬民主、科学决策，保证立法工作不断适应经济社会发展新形势、满足人民群众新期待，人大代表架起社情民意的"连心桥"。

申纪兰在从1954年至2020年60多年的时光里，她一直在努力地为自己代表的妇女和农民群体争取权益。申纪兰坚持把人民群众是否满意作为检验工作成效的根本标尺，广泛听取群众意见，反映群众心声，将人民对美好生活的向往变为现实，她的故事成为践行全过程人民民主的生动写照。

连任13届全国人大代表的申纪兰，已成为共和国民主进程中的一个传奇。她是一名普通农村妇女，却是唯一连任13届的全国人大代表，这是人民代表大会制度优越性的充分体现。她尽心履职，在全国人代会上提交的关于山区交通建设、耕地保护、新型农村合作医疗、农村教育等议案、建议，不断得到采纳和落实。她是全国人民代表大会制度当之无愧的见证者。

小山村里实现男女同工同酬

1951年，在申纪兰的家乡西沟村成立了初级农业生产合作社，申纪兰被选为副社长。当时社里劳动力短缺，社长李顺达鼓励申纪兰发动妇女下地劳动。动员村里妇女下地干活，不仅男人们不支持，就连妇女们也觉得出来劳动不如在家看孩子和给男人做饭，因此工作进行得很艰难。突破口

61

的打开，始于一位叫李二妞的村妇的改变。李二妞是村里出了名的"不出门"，要是能让李二妞下地，其他人的工作就好做了。

刚开始，对于申纪兰要自己下地这件事，李二妞是很抗拒的。申纪兰劝她："他爹（李二妞丈夫）瞧不起你，你能怨谁？你要劳动了，就能挣上工分，想换件新衣裳就换，不用靠他爹！"第二天，李二妞就扛个锄头下地了。妇女们原来都不相信她能来，一看连她都来了，全村妇女也就都下地了。

然而，即便妇女都来了，劳动积极性还是不高。那时候10分算一个劳动力，两个妇女只能算一个男劳力，所以妇女只能记5分，不平等的报酬挫伤着妇女的劳动积极性。申纪兰敏锐地意识到只有为妇女权益发声，实现男女同工同酬，才能彻底解决问题。申纪兰决定在村里组织妇女和男人比赛。

"要想挣10工分，就要跟男人们比一比，跟他都干一样的活，看谁干得好！"实践出真知，这场劳动竞赛在西沟村产生了意想不到的效果，许多男社员都开始支持男女同工同酬。到1952年，西沟村已经实现了"男女干一样的活，应记一样的工分"。

就这样，男女同工同酬，在这个中国太行山脚下的小山村里率先实现。申纪兰带领西沟村的妇女们学会了摇犁、锄地等农活，开始享受走出家门、下地劳动的快乐。

由于提倡"男女同工同酬"而产生巨大影响力，1954年，25岁的申纪兰当选为第一届全国人大代表，出席了1954年9月召开的第一届全国人大一次会议。在这次大会上，男女同工同酬被正式写入《中华人民共和国宪法》。

听农声聚农心

当一名人大代表，就要当好人民的"代言人"。妇女和农民代表，这就是申纪兰对自己的定位。"咱是个农村人，是个农民，能参加上一届人代会就不错了。从第一届参加到现在，这是党和人民赋予我的责任，我必须把这个代表当好了，把群众的声音带到中央去，把党的声音带回来。"

申纪兰深知农民所想所盼，关心农民生活疾苦，尽心尽职为广大农民发声。她的议案、建议一直聚焦农村、农民，从"村村都要通水泥路"到"修建公路不能侵占耕地"，从"搞好山区水利建设"到"老区如何致富"，从"新型农村合作医疗"到"提高农村教育质量"，从"农村干部选举"到"贫困地区旅游开发"……涵盖"三农"、教育、交通、水利建设等各领域，有关系国计民生的大事，也有涉及群众利益的小事，如山区交通建设、耕地保护、新型农村合作医疗、农村干部选举、贫困地区旅游开发等。60多年代表生涯，这些来自农村、来自基层，凝聚她心血的议案、建议，不断得到采纳和兑现。长长的建议和议案背后，写满了为民说话的牵挂与情怀。为了提出高质量的建议，申纪兰一直坚持深入基层调研，听取各方意见，形成建议初稿后再到政府相关部门征求意见，就这样循环往复，有的建议往往要经过几年打磨，才能形成成熟的建议提交。

"修通路，迈大步，带领大家去致富。路修好了，才能实现更好的发展。"与交通相关的建议，申纪兰也提过很多。1996年，在申纪兰的持续建言下，由长治到北京的直达列车顺利开通。2001年，她向大会提交推动山区交通建设的相关建议。2003年，她向大会提交加快修建林长高速公路的相关建议。2004年，申纪兰领衔提交"关于保护耕地的议案"。2019年，她向大会提交"关于加快推进聊（城）邯（郸）长（治）客专项目的建议"。申纪兰说："我提过修平顺的路、长治的路，提过修城市的路、农村的路，都实现了。""这个建议是邯郸、聊城的全国人大代表找到我一起提出的，还有其他省份的代表或百姓找到我，有的是提建议，有的是反映问题，我都会根据情况处理。"

2019年，申纪兰向大会提交"关于支持平顺县创建中药材国家级现代农业产业园的建议"，并在闭会期间多方推动，助力平顺产业振兴、脱贫攻坚。她还就建设美丽乡村、加大扶持贫困地区旅游开发等问题发表意见、提交建议。在十三届全国人大三次会议上，她建议将农村水电自供区尽快并入国家电网，对自供区的农网进行升级改造，满足乡村振兴战略实施和农村经济社会发展要求。这些建议大部分都得到全国人大、国务院和相关部委办的重视和采纳，推动了相关政策的落地，还助力推进相关法律的修改。

代表人民说话，代表人民办事

连任13届全国人大代表，申纪兰亲历了全国人民代表大会的成立与发展历程，"人民代表大会让人民有了说话的权利。当人大代表，就要代表人民的利益，代表人民说话，代表人民办事。"申纪兰是这样说的，也是这样做的。

申纪兰说："习近平总书记提出，绿水青山就是金山银山。以前的西沟是山连山，沟套沟，山是石头山，沟是乱石沟，没土光石头，谁干谁发愁。现在西沟生态环境好了，红色乡村休闲旅游也发展起来了，山东、东北等地的人都到我们这边来旅游了。"

申纪兰认为西沟村所在的平顺县是中药材生长的理想之地。她建议国家支持平顺创建中药材国家级现代农业产业园。她说，这将极大促进上党老区群众稳定增收，促进当地中药材与文化旅游、生态康养产业深度融合。申纪兰还曾积极联系电视公益节目，除了向节目组发出心愿委托，还参与节目制作，借助电视节目的明星宣传效应来提高当地特产的知名度，帮助进行市场对接、解决当地特产滞销的问题和村民面临的难题。

除了中药材，当地还有宝贵的旅游资源。大山阻挡了当地发展的步伐，但也保留了平顺绝美的风光、丰厚的宝藏和良好的生态。据了解，太行山大峡谷自然风光旅游带共有十多个大峡谷，平顺就有四处，数量最多、最集中、最壮观。当地人告诉记者，平顺虽然是一个山区小地方，但这几年游客却越来越多，已将发展全域旅游纳入新的战略。如今，藏在深闺的"朋友圈"越来越广，越来越多的人干上了"旅游活"，端上了"金饭碗"，旅游产业正成为群众增收的支柱产业。

"平顺种植党参的历史悠久，村民们将党参视为传家宝，也最关心党参的销路和价格，一斤花椒能卖50块钱，一斤党参能卖20多块钱就不错了。上了工，产品有销路，群众就不愁脱贫致富奔小康。发展旅游更是让好看的风景能当饭吃，是变绿为金喽！"说起当地的情况，申纪兰熟悉得很。她告诉记者，"我是劳模代表，代表的是基层，反映群众的问题、让群众过上好日子才是好党员、好代表。"

申纪兰因病于2020年6月28日在山西省长治市逝世，享年91岁。申纪兰生前荣获"全国劳动模范""全国优秀共产党员""改革先锋""最美奋斗者"等称号。2009年当选"100位新中国成立以来感动中国人物"。2019年被授予"共和国勋章"。

"奋斗一生初心不改满目青山化丰碑，国家功勋纪兰精神一世英名贯长虹。"吊唁大厅两侧的挽联，道尽了申纪兰的一生。申纪兰逝世后，到西沟村参观学习的人仍然络绎不绝。今天的西沟村是个农、林、农产品加工、焦化、材料、旅游餐饮业齐备的新农村。西沟村向一拨拨来客无声诉说着"申大姐"对党忠诚、执着为民、甘于奉献、改革创新的故事和精神。村民们说，申纪兰虽然走了，但她的贡献会被永远铭记，她的精神永不落幕，她的故事将永远流传，永远回荡在太行山间。

（资料来源：《光明日报》，中国人大网，中国共产党新闻网，《文摘报》）

📖 事中有道

两袖清风，一身正气

中国共产党的作风是一代又一代共产党人深入贯彻党的性质和宗旨等方面的重要体现，所展现出来的形象关乎党的自身利益和人民群众的支持。党员干部举手投足间的行为和履职尽责的责任感，事关党性原则。党员干部要始终保持对党的忠诚和对人民群众的奉献品格，毫不动摇地做到人民群众利益至上。要进一步加强对理论层面的学习，努力转变人生观和世界观，坚持全心全意为人民服务的宗旨，始终保持共产党人的理想信念，对自己的工作尽职尽责。不断向优秀的共产党员学习，吸收他们的行为所展现出来的先进思想观念。坚决制止违背党性原则的违法违纪行为。对人公平，坚持原则，秉公办事，真正将党性原则落到实处。

中华人民共和国勋章获得者申纪兰是这样说的，也是这样做的。在她心中，党和国家、人民的利益永远排在自己前面。当年，在石头沟流传着这么一句话"石头沟谁干都发愁"。面对这个艰巨的难题，共产党员申纪兰没有退缩。她不断想办法、谋出路，将石头沟真正变成了绿水青山，坚持把环境恶劣的石头沟治理成生态良好的旅游景点。随着生态环境日趋好转，她大力支持乡村旅游文化，加大红色乡村宣传力度，吸引了全国各地的游客慕名前来。不仅是旅游经济，申纪兰还带领着大家一起办企业，发展集体经济。同时在提高经济的过程中，申纪兰也不忘记保护生态环境，响应党中央关于治理环境污染的号召，拆除不符合国家环保政策的厂房，提高外来企业的环保标准。在她的带领下，乡村经济有了极快的增长速度，同时又很好地保护了生态环境。为了推行供给侧结构性改革，她带领村民进行产业转移发展，不断推动工业、高科技农业和旅游服务业共同发展。

在中国共产党的领导下，申纪兰指导西沟村村民把一个名不见经传的小山村建设成了全国特色旅游乡村。一直跟党走是申纪兰不变的初衷，她处处为党着想，为了给村里省钱，她在和同村人外出考察之际，不愿意在外边吃一碗面，硬是忙了一天之后才回家生火做饭。两袖清风、一身正气是申纪兰的真实写照。

勿忘人民，为民办事

我国的根本政治制度是人民代表大会制度，人民群众通过选举产生全国人大代表表达自身的意志和利益，在人民代表大会召开之际与国家领导人一起共商国是。人民群众是坚持中国共产党的领导，拥护祖国和平统一的社会主义爱国者和劳动者。人民群众赋予人大代表权力，人大代表为人民群众表达国家、社会和人民的利益。人大代表为了提出更具有针对性的建议，需要不断深入人民群众内部，与人民群众打成一片，真正做到紧密联系群众。既要听取选民的意见和建议，同时也要接受人民群众的监督。以人民为中心，就是要弘扬人民至上的价值理念，这也是中国共产党勇于担当的重要体现。从人民群众关乎自身利益的问题入手，从人民群众真实满意的事情做起，真正能够引领人民群众不断创造美好生活。

申纪兰是全国唯一一位连任13届的人大代表，从25岁开始她伴随着人民代表大会制度的诞生和发展，在此过程中她不断践行全心全意为人民服务的宗旨和使命。1952年，在申纪兰的不懈努力下，西沟村实现了"男女同工同酬"。随着她的不断努力，同工同酬被全社会宣传报道，最终推动

"同工同酬"纳入宪法。申纪兰作为普通农民，当选人大代表之后坚持为老百姓办实事。从西沟村的水源改善、山区建设、新型合作医疗和乡村教育质量等方面，凝聚着她心血的建言献策不断被采纳落实。只要是能够为西沟村谋福利的行为，申纪兰始终都是争取的先锋。长长的议案和提案背后，是为民代言的关切和情怀，是以人民为中心和全心全意为人民服务的真实体现。

根在农村，勿忘劳动

当前的全国人大代表中，不乏农民出身的代表，他们将党和人民赋予自己的职责牢记心中，把中央精神传达到每一个群众中去，同时将关乎人民群众利益的声音带到中央。当选了全国人大代表，就是人民群众的"传声筒"，了解农民的想法，关心农民的困难，致力于为广大农民发声。为了给老百姓谋福利和增收益，人大代表要始终坚持深入基层群众，牢记从群众中来到群众中去的服务方针，听取各方不同意见和建议，归纳总结这些人民群众的声音，向政府相关部门征求意见以提出更好的建议。

60多年来，申纪兰一直是农民和妇女的代言人。她坚持以人民群众满意为根本标准检验工作成效，全面听取群众意见，为人民群众不断建言献策。申纪兰既平凡又伟大，平凡之处在于她作为一名普通的农村妇女，却全心全意履行职责，不断在各个领域建言献策。伟大之处在于她是中华人民共和国人大制度发展过程中的传奇人物，是人大代表中始终站在人民群众这一边的"常青树"。

在申纪兰病情加重后，经过全力抢救，她仍然在意识清醒时用一个小时的时间和西沟村党总支书记最后一次探讨了村里的工作安排。申纪兰去世后，到西沟村参观学习的人络绎不绝。"奋斗一生初心不改满目青山化丰碑，国家功勋纪兰精神一世英名贯长虹"的挽联记录了她的一生。乡政府里那张破旧的皮椅，默默地向一群参观者讲述了"申大姐"对党忠诚、奉献人民、改革创新的故事和精神。虽然申纪兰已经离开了我们，但是她作为全国人大代表时全心全意为人民服务的精神定当继续绽放光芒。

（五）让党的创新理论"飞入寻常百姓家"

📖 来龙去脉

基层宣讲是打通党的创新理论传播"最后一公里"的重要渠道。努力让党的创新理论"飞入寻常百姓家"，需要积极创新方式方法，让群众坐得下、听得进、弄得懂、记得牢，不断增强理论宣讲的权威性，又注重运用基层经验，培养有特色的宣讲员，既保持宣讲"有高度"，又确保宣讲"接地气"，取得良好效果。全国优秀共产党员、全国道德模范谢立亭自创"红色三宝"宣讲模式，被誉为退休不褪色的"红色宣讲员"。

"一切脱离人民的理论都是苍白无力的，一切不为人民造福的理论都是没有生命力的。我们要站稳人民立场、把握人民愿望、尊重人民创造、集中人民智慧，形成为人民所喜爱、所认同、所拥有的理论，使之成为指导人民认识世界和改造世界的强大思想武器。"对习近平总书记报告中的这段话，谢立亭体会深刻。作为一名党龄50多年的老党员，退休后的谢立亭退休不退志，继续践行"一辈子听党话、跟党走"的誓言，将对党的庄严承诺融入宣讲党的创新理论之中。满腔热情奉献社会，始终把党的宗旨记在心上，把党的政策挂在嘴上，把党的形象体现在行动上，用自己的一言一行印证了"永不褪色的先锋战士"这一称号。

一句誓言，践诺一生

"一辈子听党话、跟党走，一辈子行好事、做好人。"这是谢立亭15岁刚参加工作时就立下的誓言。1995年，55岁的谢立亭退居二线，本该享享清福，但他在家只待了一个星期，就马不停蹄地到阜桥街道牌坊街社区担任了党支部书记、居委会主任，千方百计为群众排忧解难。2000年初，谢立亭正式退休。牌坊街社区又聘请他担任社区的红色宣讲员。

谢立亭始终坚持全身心投入学习，做到理念常新、知识常新，自觉以党的创新理论武装头脑、指导实践，为他宣传党的创新理论和方针政策打下了深厚的基础。为了使每次宣讲都能让大家印象深刻，他刻苦学习党的理论，钻研讲课技巧。每次讲课他都认真"备课"，了解听众的年龄、文化、职业构成等，思考使用什么样的语言、什么样的方式才能使理论入脑入心。学习材料上的字比较大，戴上老花镜就可以看；报纸上的字小，他就拿着放大镜，一句一句地琢磨，一段一段地消化。虽然自己学懂学透了，但是把内涵丰富的理论用简洁平易的语言准确生动地表达出来，也不是一件容易的事情。为了写好宣讲材料，谢立亭经常寝不安席、食不甘味。半夜有了灵感，他就立刻起床，奋笔疾书。编写歌曲需要自己不断地试唱，为了不影响老伴儿休息，就拿个马扎坐到卫生间去写。这些年来，他自创"红色名片""红色小册子""红色歌曲"350余种（首），撰写讲课材料80多万字，百人以上参加的宣讲达700多场，深入小区、广场、公园宣讲的次数更是数不胜数，足迹遍及全省多地，让党的创新理论飞入寻常百姓家。

多年的奔波，使谢立亭很早就患上了关节炎、高血压、糖尿病和严重的心脏病。谢立亭有一个随身携带的帆布包，包上总是有一股淡淡的中药味。这个帆布包里，除了有宣讲材料，还放着止痛药、降压药、人丹、麝香虎骨膏、速效救心丸等药品。带药出门成了谢立亭的习惯。他的病自己清楚却从不声张，宣讲前先服药，讲完了再吃药。就这样，他以顽强的毅力，坚持在宣讲第一线，没有因为病痛耽误过一次讲课。2010年初，谢立亭心脏病发作，被送到医院抢救，接受了心脏手术，安装了2个支架。当时，谢立亭的孩子、亲朋好友、老同事都劝他说，可不能再干啦，该休息休息了。可是，他们哪里知道谢立亭的心思。"活到老、学到老、奉献到老！"日记本中的那句承诺时刻印在谢立亭的脑海中，从未忘记。出院后不久，谢立亭就瞒着孩子们，重新踏上了宣讲路。

一名党员就是一面旗帜。2011年6月底七一前夕为发挥老党员先锋模范作用，成立了"谢立亭党小组"。主要目的是把辖区内机关社区企事业单位的老党员组织起来，进行党组织学习活动，组织大家为社区居民办实事办好事，吸纳积极分子，培养骨干。经过几年的不断发展壮大，到2016年11月11日，正式更名为"谢立亭正能量宣传党小组"，谢立亭任组长，党小组坚持每周学习制度，并结合"两学一做"学习教育，宣传党的好声音，传递社会正能量。

与此同时，"谢立亭正能量宣传教育基地"也正式建成使用，设有学习会议室、民事矛盾调解室、宣传展示室、学雷锋志愿服务工作室等。

自"谢立亭正能量宣传党小组"成立以来，党小组成员参与讲课、作报告，大力宣传党的声音，传达上级指示精神等达600多场次；针对不同对象，废寝忘食加班加点先后写出60多万字的讲稿材料，编印发放了"红色小册子"40多种，"红色卡片"70多种；编印"红色歌曲"70多首，编写"红色快板"10余首；带动社区党员群众定期开展学习教育、红色宣传，文明城市创建志愿者服务，为群众办好事、办实事达7000多人次，获得各种荣誉100多个。截至目前，基地和党小组已接待中组部老干部局、中央老龄委、省老干部局、省老龄委等40多家单位2000多人次的参观访问、交流座谈。

誓言铮铮如钢，初心坚如磐石。谢立亭用生命践行着这个庄严承诺，真心诚意为群众办实事、解难题、做好事，长期主动宣传党的理论政策，把忠诚于党、无私为民融入不懈奋斗中。

"红色三宝"传播党的好声音

20多年来，为当好"红色宣传员"，谢立亭反复摸索实践，总结出群众喜爱的三件宣讲"法宝"："红色名片""红色小册子""红色歌曲"。"'红色名片''红色小册子'便于保存，随时翻看；'红色歌曲'富有感染力，我用《我是一个兵》等群众喜欢的老歌的曲调，填上自编的歌词来演唱，宣讲有意想不到的效果。"谢立亭说。

有一次，谢立亭在社区口头宣讲，但是很多党员记不住。后来，他用纸复写后发给他们，但是又发现很容易损坏，不好保存。一天，当谢立亭看到有人给他经销商品的名片时，深受启发："如果把宣讲的内容印成名片，效果一定好。"当夜，谢立亭就把部分宣讲内容写了下来，做成名片并试着发给老党员、居民群众。没想到，大家都交口称赞，说内容新鲜好记，更好保存。从那时起，谢立亭便开始印制"红色名片"。名片有正反两面，正面印着宣讲内容，背面是他的电话号码和一句话：有困难找社区，需帮助找谢立亭。为了扩大宣传面，他还在辖区的理发店、茶庄设立了红色名片宣传发放点。一个茶庄的老板邵成文说："老谢的红色名片很受欢迎，总有顾客前来索要，我也为老谢高兴，也非常愿意帮他做好宣传。"

"一定要不忘初心，继续前进。我认为，要发扬好10种精神：紧跟中央的精神，信念如钢的精神，刻苦学习的精神，艰苦奋斗的精神，奉献不休的精神，清正廉洁的精神……"为了加深对党的创新理论的理解，谢立亭联系群众、联系实际、联系生活，把个人的体会写出来，编成了《努力做合格的、优秀的共产党员》《中国梦与我的梦》《为尽好共产党员的神圣责任而不懈奋斗》等"红色小册子"印发给大家，受到大家的普遍欢迎，有的纷纷索要，有的还让谢立亭签名留念。一位乡镇干部说："谢老给的《清廉的人生》，我看了7遍，越看越愿看，对我启发很大！"

唱"红色歌曲"是谢立亭最富激情、最富感染力的"一件宝"。不会编曲子，他就用群众喜欢的老歌，像《我的祖国》《东方红》《我是一个兵》等作为曲调，再填上自编的歌词来演唱。通俗易懂的歌词，耳熟能详的旋律，使宣传起到了意想不到的效果。在社区里，谢立亭经常打着节拍带着大家唱，一起学习党的政策。

多年来，谢立亭共印制"红色名片"130多种，发放"红色小册子"6万多册，创作"红色歌曲"100多首，写出80多万字的讲课材料，到企业、学校等单位宣讲700多场次，用实际行动让党的创新理论"飞入寻常百姓家"。如今，谢立亭老人已近80岁高龄，仍然热情似火地奔走在红色宣传、服务群众的路上，他认为："工作着是幸福的，奉献着是愉快的，活着就得要为党、为国、为民多作贡献。"

谢立亭的身上集中体现了当代共产党员永葆本色、矢志不渝的坚定信念，牢记宗旨、心系群众的为民情怀，甘于奉献、无怨无悔的崇高品质，持之以恒、终身学习的精神追求，为广大党员干部树立了光辉榜样。2010年6月，中国关工委、中央文明委授予谢立亭"全国关心下一代工作先进工作者"称号；2010年11月，中宣部办公厅授予他"全国基层理论宣讲先进个人"称号；2014年11月，中央组织部授予他"全国离退休干部先进个人"称号,并作为代表受到了习近平总书记等党和国家领导人的亲切接见;2020年11月,中央文明委授予其家庭"全国文明家庭"称号。

(资料来源:央广网,中国文明网,人民网)

事中有道

不忘初心,牢记使命

中国特色社会主义进入新时代,党的理论创新和时代发展呈现出新局面。面对国内改革发展稳定的复杂形势和国外社会意识形态的多样性,基层理论宣讲工作面临价值观转变、科技创新等新形势。面对这种改变,新时代基层理论宣讲工作也要做出相应的改变。总结当前基层理论宣讲的工作流程和方式经验,结合习近平新时代中国特色社会主义思想,更好地向人民群众宣讲党中央的最新政策,切实提高基层人民群众的理论素质。每个共产党员在构建社会主义精神文明建设中需要发挥重要的作用,为基层理论宣讲提供更完备的人才基础和传播基石。

理论宣讲工作事关巩固马克思主义思想建设和中国特色社会主义的长远发展问题。做好群众的思想工作,必须使理论在政治和思想上站得住脚。我国是一个人口大国,广大的人民群众生活在基层。中国共产党的最新理论宣讲的第一线在基层,只有解决基层群众的理论宣讲问题,就可以做到上通下达,建立起党中央和群众之间的桥梁。新时代要创新基层理论宣讲平台,举办受群众欢迎的基层理论宣讲活动,传递中国共产党的最新理念,让人民群众参与基层理论宣讲的大课堂中,真正提高自身的精神面貌。

谢立亭作为一名拥有50多年党龄的老党员,退休后仍然关注基层理论宣讲工作,继续践行"听党话,跟党走"的初心和使命,在中国共产党的领导下始终保持对先进理论的求知欲,虚心学习党中央的最新政策,以通俗易懂的方式向人民群众宣讲党的最新理论,使他们能够潜移默化地提高自身的理论水平,自觉用党的创新理论和领导实践武装思想,为传播党的创新理论和方针政策奠定了坚实的基础。不忘初心、牢记使命，是谢立亭一生的写照。作为共产党员，他选择基层理论宣讲这一方式为人民服务，努力发挥纽带作用，增强自身的能力去宣讲党的理论和思想，践行中国共产党的性质和宗旨。

理论宣讲，红色渠道

加强基层理论宣讲中的红色宣讲活动，对进一步弘扬爱国主义精神，深入推进红色文化学习教育具有重大意义。拓宽基层理论宣讲的红色路径，需要进一步深化思想文化工作和精神文明建设，把握对党中央政策思想的认识。弘扬红色精神，培育红色情怀中贡献自身的力量，基层理论宣讲是其中重要一环。新时代拓宽红色理论的宣讲路径，需要巩固传统的基层社区阵地，充分发挥社会宣讲的主阵地，将各个社区打造成新时代红色理论宣讲的模范点，提升社区的红色文化影响力。

发挥社区基层理论宣讲的重要作用，深入基层开展形式多样、内容鲜活的党中央最新理论成果，真正做到党的创新理论向广大人民群众普及，为基层群众提升思想水平提供平台。牢牢占据人民宣讲阵地，是推进中国共产党的前沿思想大众化的现实手段。新时代社会理论宣讲需要借助多种模式，发挥各个领域专家的力量，利用共产党员和人民群众在线上和线下的多样学习方式开展互联网红色理论宣讲活动，提高宣讲的便利性和人民群众的自主性。

谢立亭积极鼓励人民群众走进革命纪念馆、烈士陵园，走进课堂，走进社区，以红色调研、党史宣讲等多种形式开展活动。建立基层理论宣讲团，团队成员们成立红色文化理论宣传示范班，红色故事通过短视频等新兴传播渠道向人民群众宣传党的创新理论。同时团队成员走进基层社区党群服务中心，分别进行融入式宣讲等方式，使广大群众能够听懂吸收。成员们开展红色故事宣讲，激励时代新人接续奋斗；举办红色文化朗诵比赛，让大家倾听红色英雄的赞歌；举行红色歌曲演唱比赛，唱出对党的无限忠诚。

一句誓言，践诺一生

一切脱离人民群众的理论都是没有生命的。我们要坚定站在人民的立场上，立足人民群众的发展愿景，尊重人民群众的创新创造，聚焦人民群众的主体智慧，形成人民喜闻乐见的传播方式。基层理论宣讲不仅能够锻炼基层党员干部的能力和素质，而且还能够将党中央的创新理论和方针政策深入基层第一线。做好基层理论宣讲工作，需要立足基层实际，坚持创新发展理念。利用更加"接地气"的方式增强理论宣讲的效果，充分发挥基层理论宣讲凝聚人心的作用。

在基层理论宣讲的过程中，要提高形式、内容和语言上的吸引力。在形式上，要充分考虑人民群众和基层党员干部的实际情况，以更灵活的时间、更就近的地点和更习惯的方式等，把理论宣讲送到人民群众和基层党员干部的身边。在内容上，要活用红色资源，以典型为标杆，充分发挥红色文化的时代价值和榜样的力量，要多举例子、多摆事实，既深入宣讲党的理论和路线方针政策，又生动宣讲当地人民群众和基层党员干部的实践，切实讲好身边故事、弘扬中国精神。在语言上，要善于用群众视角去思考，用贴近群众的语言去讲解，将"理论话语"转换成"群众语言"，推动理论宣讲成为交心谈心、答疑解惑、解决问题、凝心聚力的过程。

谢立亭成立小组动员辖区内政府、社区、企业、事业单位的老党员，开展党组织学习活动，组织大家为社区居民做实事，吸引培养入党积极分子。以谢立亭为组长，党小组坚持周学习制度，结合"两学一做"学习教育，宣讲党的好声音，传递社会正能量。为了让每一次报告、每一次党课都给大家留下深刻印象，他孜孜不倦地学习党的理论和讲课技巧。谢立亭用自己的实际行动践行了自己的诺言，树立起一面基层理论宣讲的红色旗帜。

三、我们心中的社会现代化：
和谐是现代化的保障

（一）外来人变成自家人，"共建共治共享"从蓝图变成现实

来龙去脉

习近平总书记在党的二十大报告中提出："健全共建共治共享的社会治理制度"。社会治理，在大城市中显得尤为重要，也尤为困难，因为大城市内部各种人员错综复杂，各有各的诉求，五花八门，政府难以一下全部满足，这就容易造成社会不稳定。其中，城市本地居民与外来人员之间较容易发生矛盾，从而滋生不稳定因素。

解决之道，就是让外来人员融入城市社区，真正融入属地生活。那么，如何让外来人员融入城市社区？如何让外地人共享发展成果，促进与本地人融合发展？这是社会现代化中一个必须解决的问题。从2016年开始，广州实施为期5年的来穗人员融合行动计划，外来人员远多于本地人口的三元里街道列入计划试点之一。

曾是鸦片战争时期武装抗英斗争所在地的三元里，以构建"融合社区"为突破口先行先试，让越来越多的外来人变成自家人。同样，在广州石牌街，创新构建家庭综合服务中心，为广大来穗人员提供无微不至的服务，温暖了他们的心。"共建共治共享"也正从蓝图变成现实。

巷长当家共建新家

50多岁的李先德是三元里街松柏岗社区十八巷的巷长，负责60栋出租屋的管理。他的名字、电话号码和责任区域被印在红色镶边的巷长管辖牌上，张贴在巷子口墙壁显眼处。从维护清洁卫生到检查安全隐患，再到制止占道经营，事无巨细都是他的工作。

聚集了8000多名流动人口的松柏新村，村内小巷纵横，握手楼林立，社区管理难度较大。2018年，当地居委会以巷长制为抓手，在来穗人员中

选取了31名巷长参与治理工作。这些巷长是外来人员的"领头羊"，他们热心公共事务，有威望能服众，具有一定的协调能力，不少曾在流出地农村担任过村干部。

"刚来广州人生地不熟，遇到难事只知道打110。没想到今天我们外地人也能把广州当成自己的家。"来穗务工近20年的李先德说，他曾在老家担任村主任职务多年，如今从城市的游离者变为社区治理的参与者。

作为我国最早的"城中村"之一，三元里街户籍人口4.7万人，非户籍人口5.6万人，外来人口倒挂严重，一度"黄赌毒"滋生、"脏乱差"惹眼。

在来穗人员中成立党支部、组建服务队是动员大家一起改变社区面貌的关键举措。来自湖北洪湖市螺山镇的来穗人员在三元里超过1万人，大多为印刷业务工人员。2009年，三元里党工委与螺山镇党委共同建立了荆楚印刷工流动党支部。2016年，在此基础上，来穗人员党总支部正式成立，党员已有96名。

投桃报李，来穗人员开始"反哺"社区。全街13个社区均成立一支志愿者服务队，并有20人至70人不等的来穗志愿者固定参与志愿服务。服务内容从维护公共卫生环境、进行禁毒教育和爱国主义教育，扩展到对住宅区的治安巡逻。

几年时间，三元里的面貌为之一新。走在整洁的抗英大街上，街道两侧的低矮民房经过"穿衣戴帽"，重现岭南风情。曾经污水横流、治安高发的"问题街"如今已变身历史文化旅游区，每天前来观光的人络绎不绝。

"不管是巷长，还是来穗党员，他们都积极主动地为社区建设做贡献。"松柏岗社区居委会主任苏为民说，"他们从被管理者变成参与者和服务者，在他乡异地重新构建了一个和谐的'熟人社会'，从而有了价值感和归属感。"

共治议事捕捉外来"沉默"声音

"融合为民：心系民生·一事一议·协商共治"——三元里社区共治议事会会议室墙上写着这样一句话。在这里，外来人员和本地居民为社区治理一起"发声"。

2016年以来，三元里街道13个社区都成立了议事会，议事会13名代表由6名本地居民、6名来穗人员和1名街道工作人员组成，形成决定需三分之二以上赞成票，然后交给居委会落实。

一些被"淹没"的民生小事被"拎"出来。在共治议事会上，外地人和本地人代表围坐一桌，共同讨论解决社区问题。梓元岗社区居民单车棚改造成便民超市就是其中之一。

"外来人员下班晚买菜难，特别希望社区有超市，但一些本地人不乐意，有的担心自己单车没处放，有的担心超市嘈杂影响周边环境。"梓元岗社区居委会主任吕二民说，这些问题被拿到议事会上讨论，最后通过单车挪到附近居民楼存放、规定超市经营时间、加强日常巡查等办法解决了矛盾。

大到社区微型公园选址、租金上涨等棘手难题，小到"握手楼"晾衣服、给煤气瓶站找个地方等生活细节，都在议事会上得到解决。三元里街道办事处主任邓文介绍说，社区共治议事会每季度召开一次，到2018年年底已开了上百个会，解决了100多件民生事务。

"共治议事会让我们也能在社区建设上'出声话事'，让外来人员从客人变成了主人。"在松柏岗社区生活了10多年的议事会代表彭艳芳说。

白云区来穗人员服务管理局局长唐皓说，共治议事会还将吸纳更多社会组织，整合更多资源参与社区共治，推动形成政府治理和社会调节、居民自治互动格局。

推动共享，消除公共服务屏障

让外来人员更好融入城市、共享发展，需要消除一道无形的屏障，那就是流动人口与户籍人口在医疗、教育等公共服务领域的待遇差别。为破除这道屏障，三元里街道积极推进公共服务均等化进程。

为解决数万名洪湖市来穗外来务工人员的就医报销问题，三元里街道办与洪湖市2014年协商把广州两家医院纳入洪湖新农合定点医疗机构，参保人可在广州直接报销。

2014年患了子宫肌瘤的洪湖市螺山镇复粮州村村民马小容成为这项政

策的受益者之一。她告诉记者，在广州指定医院动手术可以直接刷洪湖的医保卡，"要不我就得全额垫付2万块医药费，还要从广州坐火车到岳阳再换大巴回老家报销，多花几百块车费不说，还得耗上三四天时间，很折腾人。"

广州市法泽城市与公益研究中心秘书长魏微表示，中心在当地政府支持下承办"广州市来穗人员融合学堂"，培训来穗人员9000多人次、服务32104人次。

"上暑期成长班可以认识到很多朋友、老师，同时也收获了知识""活动丰富了我们的视野"。融合学堂一个个"小候鸟"的留言是他们在广州过暑假的真实写照。

11岁的彭旭常常会在假期到广州与家人团聚。今年暑假他在"小候鸟"夏令营上了写作班、绘画班、文化班，跟着社工老师一起去陈家祠、三元里抗英纪念碑等地参观。在广州工作了10多年的父亲彭泽良说："小孩得到成长，我们家长上班也放心。"

如今，三元里来穗人员和本地居民共同享受着越来越平安的社会环境。三元里派出所所长梁海云说，2017年当地案件类警情为2362宗，与四年前相比减少了近一半。

"入户、入学、入住公租房等与来穗人员民生权益密切相关，也是我们未来深耕细化公共服务的重点。"三元里街道党工委书记李海东说，街道进一步拓宽服务来穗人员的渠道，持续提升来穗人员的获得感、幸福感、安全感。

2018年8月，三元里融合社区试点工程入选广州全面深化改革优秀案例。广州市人大代表曾德雄评价说，三元里的探索为有效破解大量人员流动带来的社会治理和城市融入难题提供了参考借鉴。

家庭综合服务中心温暖人心

无独有偶，在广州的石牌街，创新打造家庭综合服务中心，固定开展的小组活动已经超过30种。为了更好融入居民生活，社工们主动走出服务中心，进入小学设立社工站提供固定服务。为了让街道人口中占了近六成的"新广州人"对广州更有归属感，社工们则设计了一系列针对外来人口、外籍人口的特色服务。

走进位于石牌东路的家庭综合服务中心，到处是明亮的色彩、活泼的"小飞人"装饰。这里有11个功能室，每间功能室根据服务对象的需求进行了相应的设施配置。中心共开展家庭、青少年、长者、义工及"新广州人"五大主要服务，"石牌街人口多，人员构成也很复杂，不同的人群对于社会服务有多样性和差异性的需要"，中心主任、广州市三一社工机构的刘婉妮说。

石牌街辖区内人口约有30万人，其中有近六成是外来人口。在最初的社区调查和服务设计研讨中，石牌街家庭综合服务中心就发现了这一点，为此他们将服务中心取名为"心缘汇"，寓意社区居民"有缘千里来相会，共同营造幸福石牌"。

中心成立后，石牌街家庭综合服务中心针对外来人口设计了一系列"和睦新广州人"服务。他们开设了粤语小组，让外来人口有一个免费学粤语的平台，协助他们融入广州，体验广州方言。中心还组织了多次外出的活动，比如"玩转广州"、去农场植树等，让外来的年轻人更加了解广州的历史和特色，也促进他们互相交流，"一些外地的居民通常对广州不那么有归属感，但有了更多朋友、圈子之后，他们也会拥有家的感觉"。对于年轻的外来人士，中心也提供了各种非常实用的职业技能、法律知识、家庭理财培训，提升他们的社会竞争力，扩展就业圈子，同时也让他们懂得用法律手段来保护自己的合法权益。

社工们在日常工作中还敏锐地发现"外来老人"这个特殊的群体。平时中心开展了不少针对孩子们的活动，"我们就发现有很多是非广州籍的孩子，都是跟着家里的老人一起来，这些老人从外地来广州带孩子，没有朋友，很寂寞"。社工们发现，这些老人坐在中心外等孩子时，都是无聊地打发时间。"我们就想，为何不让这些老人也走进我们的服务中心呢"，于是中心特意开办了一个"新广州人亲子活动"小组，让外来家庭的祖辈和孙辈一起走进活动室，开展亲子互动活动。这样既加强了祖孙间的沟通交流，也让这些外来老人找到了朋友，建立了新的生活圈子，除了买菜做饭带孩子之外，这些外来老人在广州也有了更加丰富的生活。

（资料来源：新华社，《信息时报》）

事中有道

社区治理新思路

广州三元里努力创建"融合社区"，探索出一条具有原创意义的基层治理之路。主要体现在三个方面：

一是重视体制创新。当地以"巷长制"为抓手，让更多外地人有更多机会参与到城市创建、社区治理中，改变外界对"城中村"的固有印象，通过巷长参与治理工作，形成了一批特色的治理组织和项目。如社区志愿服务队、社区共治议事会、"融合学堂"等一系列原创经验和模式，打开了大城市社区治理的新大门，极具创新精神。志愿服务队深入人心，党支部的成立将广大来穗党员凝聚在一起，"出声话事"的共治议事会等工作更是亮点频出，成为基层治理的创新范式。

二是治理贴合实际。三元里作为我国最早的"城中村"之一，治理难、人员杂等问题突出。以拥有8000多名流动人口的松柏新村为例，区域内人口密度大，治理难度也比较大，在此基础之上创建的巷长制成为提高区域治理能力的重要抓手，这是立足实际，既具有创新特色，又兼具人性化的治理模式。让一些曾经担任村干部的外来人成为如今城市的社区治理参与者，找到了归属感，同时也实现了自身价值，为社会发展贡献了自己的一份力量。

三是治理效果显著。通过多年的摸索创新，广州三元里"融合社区"的构建成果明显，使三元里的社区治理能力不断提高，并入选广州全面深化改革优秀案例。"融合社区"的构建不仅为三元里当地的发展注入动力，促进社区和谐发展，还通过社区治理的创新让更多的外地流动人口以广州为家，幸福指数不断提高。同时，三元里社区治理模式也为国内其他城市或社区，特别是外来人口流动密集的城市或社区的基层治理提供了新的借鉴案例。

整体上，通过摸索新的社区治理模式，创新社区服务方式，以持续提高优质的便民服务为目标，不断提高社会治理现代化水平，推动形成共建共治共享的社会治理新格局。

社区治理不漏一处

全面奔小康，民生为大。民生是人民幸福之基，社会和谐之本。广州三元里"融合社区"的建设始终坚持以人民为中心的发展思想，把来穗人员动员起来，让越来越多的外来人变成自家人，在不断融合发展中保障和改善民生。在推动社区治理过程中，不仅关注给煤气瓶站找地方的民生小事，也关注微型公园选址等民生大事，社区治理通过共治议事会得到解决。议事会的成立，完善了三元里社区治理，着力帮助外地人和本地人更好解决各种棘手问题，弥补社区治理过程中出现的短板。

推进社区治理，实现共享发展，关键是要着力消除公共服务屏障。在医疗方面，强化服务、完善管理，采取了一系列创新措施，通过确定新农合医疗定点医院，努力提升三元里流动人口基本公共卫生服务均等化水平，使流动人口共享改革发展成果。在2014年，部分外地来穗人口就可以在看病就医后，实现跨省异地联网结算，让他们享受到既便捷又暖心的医疗服务。

作为社会治理的最小单元，社区是人们的栖身之地，是连接个人与社会的重要桥梁，社区治理水平的高低，不仅直接关系着居民的幸福指数，也在一定程度上影响着社会的和谐稳定及治理成效。为来穗人员创办的"融合学堂"加速了外来人口融入本地生活，也提供了外来工作的家庭在假期与家人团聚的机会，孩子的成长和家长的工作可以同时兼顾，社区文明程度不断提高，社区治理效能不断显现，社区治理的科学化、精细化水平不断提高。

社区治理是多方力量的"大合唱"

实现共建共治共享的社区治理格局，不是社区工作人员的"独角戏"，而是多方力量的"大合唱"。社区作为党和国家许多政策落实的"最后一公里"，存在工作人员精力有限、经费投入不足等因素限制，仅靠社区工作人员单打独斗，已经无法有效满足人民群众日益多样化的服务需求。如何激活社区治理的基本单元，切实提高社区治理水平，是当前面临的现实问题。

广州石牌街打造的家庭综合服务中心，通过开展多种社区活动，将社区的千家万户联系起来，成为社区管理者穿针引线的重要创新。针对外来人口和外籍人口开展丰富多样的小组活动，让他们更好地融入居民生活，引导居民参与社区公共事务，挖掘社区资源，解决社区问题，建立起人与社区的紧密联系。为满足不同需求，建立差异化的服务体系，围绕便民利民提升综合服务功能，志愿服务进一步制度化，群众性互助服务蓬勃开展。

创新社区治理模式，最大限度激发社区各方力量的参与，谱写社区共建共治共享新篇章，成为广州这座外来人口较多的大城市的有益探索。无论既是民情顾问，又要参与纠纷调解等一线基础工作的"巷长"，还是通过民意调查、民主协商、恳谈落实，开展微治理、微改造，努力解决居民身边的"小事"的"议事会"，或是通过开展各种活动，凝聚人心，增进了解，提高生活质量的"家庭综合服务中心"，广州的社区服务和管理能力不断增强，人心齐，泰山移，居民对美好生活的向往在社区落地生根。

（二）只要还有一口气，我就要站在讲台上

来龙去脉

习近平总书记在党的二十大报告中指出："加快建设教育强国、科技强国、人才强国，坚持为党育人、为国育才，全面提高人才自主培养质量，着力造就拔尖创新人才，聚天下英才而用之。"教育的现代化，可以为政治、经济、文化的现代化提供智力支持和人才保障，而教育的现代化，一个重要的方面是教育的公平，是所有人都有平等接受教育的机会。

改革开放以来，我国逐步落实义务教育政策，教育公平取得了长足进步，并通过《中华人民共和国义务教育法》的立法和"希望工程"等，使许多原本可能没机会接受教育的孩子读上了书。同时，义务教育后的高中教育、职业教育和大学教育等也取得了巨大进步，越来越多人通过接受教育走出了大山，改变了自己和全家人的命运。

在云南，就有这么一位教师，通过自身不懈的努力，用充满人间的大爱、不息的奋斗，让许多原本已经辍学的女孩重新上学，圆了大学梦。她就是"七一勋章"获得者张桂梅。

2021年6月29日上午10时，"七一勋章"颁授仪式在人民大会堂隆重举行。勋章获得者张桂梅穿着和往常一样的一身深色素衣，被人搀扶着走过红毯，那双贴满药膏的双手吸引了万千网友的目光。

张桂梅是云南省丽江华坪女子高级中学校长。1974年，张桂梅从东北到云南支边，成为一名教师，从此，她扎根当地教育40余年，其间推动创办了面向贫困山区女孩的免费女子高中，帮助近2000名贫困山区女孩圆了大学梦；2001年起，张桂梅兼任华坪孤儿院的院长，172个孤儿有了温暖的家，她被孩子们亲切地称为"张妈妈"。

"学生们远方有灯、脚下有路、眼前有光，在山沟沟里也能看到外面精彩的世界，看到美好的未来。"张桂梅在"七一勋章"颁授仪式上发言

时说道，"只要还有一口气，我就要站在讲台上，倾尽全力、奉献所有，九死亦无悔！"

"一个受教育的女性能阻断贫困代际传递"

中国国际电视台对张桂梅的采访中，展示了一封学生写给她的信。信中写道："初见时，半是好奇半是敬畏。再相逢，才知您背后的那些艰难坎坷。离别时，半是忧伤半是不舍。"

张桂梅原本和大山里的这些女孩子没有交集。1974年，年仅17岁的张桂梅离开家乡黑龙江前往云南支援边疆建设。大学毕业后，她随丈夫同在大理白族自治州喜洲镇第一中学任教。

"我确实挺喜欢打扮的，有时候高兴了嘴唇抹红一点，跳跳舞、唱唱歌啊……穿紫色的皮鞋，很蓝很蓝的裤子，非常红非常红的衣服……"在接受凤凰网视频采访时，张桂梅回忆起年轻时的自己，笑了起来，那是她人生中一段美好的时光，"有个自己的家多好啊。"

但没过几年，这个家就没了。1996年，张桂梅的丈夫因癌症去世。"彻底崩溃了，那段时间，我对什么都不感兴趣，只是简单地活着而已。"随后，膝下无子的张桂梅申请将工作从大理调出，被调动至丽江市华坪县民族中学任教。

然而六个月后，又有坏消息传来，张桂梅被查出子宫内有一个将近5斤重的肌瘤。但是，由于此前给丈夫治病，张桂梅自己积蓄很少。"我就想我是活不成了。"得知这种情况后，学校老师、县长劝她不要放弃。县里开妇代会，大家给她捐钱，当地居民也为她捐款，减轻她的医疗费用负担。"他们这种爱、这种情，感染了我。人家凭什么拿钱给我？我得活下来，为这个地方做一点事吧。"

张桂梅发现，"女孩子辍学的有点多，上着上着课，就有一个不来了。"扎根边疆教育一线，张桂梅目睹了许多女孩子因为家庭贫困或者性别歧视等原因辍学。"在无数次家访中，看着一个个山区女孩因贫困失学，我心痛到无法呼吸。我体会到，一个受教育的女性，能阻断贫困的代际传递，改变三代人的命运。于是，我决心创办免费女子高中，点亮贫困地区孩子们的梦想。"张桂梅在"七一勋章"颁授仪式上发言时回忆起自己当时的决定。

但是，这个愿望实现起来谈何容易。这个想法一开始并未得到足够支持，每年一到寒暑假，张桂梅就四处为筹措资金奔波。但五年后，仍未筹集到办一所学校足够的资金，张桂梅无能为力，产生了放弃的念头。

而转机出现在2007年。那一年，张桂梅当选为党的十七大代表。在北京参会期间，她向记者讲述了自己办免费女子高中的愿望，随后被媒体报道，引起各界关注。

张桂梅的愿望成真了。在当地政府和社会各界的支持下，2008年8月，全免费的丽江华坪女子高级中学建成，9月正式开学，张桂梅担任校长。

"我想让孩子们上清华、北大"

在丽江华坪女子高级中学教学楼白色的外墙上，写着"刚强、勤敏、宽厚、慈惠、知礼、质朴"几个大字。

每天早上天还没亮，张桂梅就挪着身子慢慢下楼，准时用大喇叭喊学生起床。"起床喽，姑娘。""下来了，快点！"这所学校的女生们一律齐耳短发，身穿红色校服；每天的午饭时间只有10分钟，每周只有3个小时能外出。

"我们付出的不是一般老师能付出的。男老师结婚，仪式办完了马上回来上课。女老师做肿瘤手术，能穿衣服就回来。"张桂梅说。

有媒体统计，张桂梅持续12年家访超过1600户，行程11万余公里。每次去家访，张桂梅总是带上馒头、面包和矿泉水，为了不给学生添麻烦，从来不在她们家中吃饭。

由于多年的超负荷工作，张桂梅的身体每况愈下，每天需要服大把药才能勉强支撑。年过六旬的她，被查出有20多种疾病：左手骨瘤、右手神经末梢瘤、类风湿性关节炎、支气管炎、肺气肿、小脑萎缩……

2021年6月7日，一年一度的高考开始了，张桂梅和往年一样，一大早护送女生们参加高考。150名高三学生大声喊出誓词："我生来就是高山而非溪流，我欲于群峰之巅俯视平庸的沟壑。我生来就是人杰而非草芥，我站在伟人之肩藐视卑微的懦夫！"视频转发到网上，让无数人为之动容。

学校的高考成绩也让人眼前一亮。据报道，2019年，该校一本上线率40.67%，本科上线率82.37%；2020年高考放榜，该校159名考生，150人考上本科，其中70人达一本线。从2008年华坪女高成立，已有将近2000名女孩考上大学，还有学生考到浙大、厦大、川大、武大等知名高校，离开这座位于西南边陲的小县城。

但张桂梅对这个成绩还是不满意。她在接受央视《面对面》栏目采访时说道，"我想让孩子们全部上一本，或者是'双一流'，我想让孩子们上清华、北大。我想让山里的孩子也能走进最好的学校。"

6月8日下午，高考结束，华坪女高的毕业生们收拾行李，准备离校。这也是张桂梅的伤感时刻。她在学校定了一条规矩，"毕业以后走出女高，不准回来，飞出去就飞出去了……"

2020年12月，张桂梅被授予"时代楷模"称号。在央视综合频道《时代楷模发布厅》栏目中，一位当上警察的华坪女高毕业生来到现场，流泪向张桂梅致谢："我们教学楼上写着一句话，让梦想飞越大山。那时其实每天我都可以看到那句话，但是我并不知道，大山外面是什么。当我高中毕业，第一次离开县城，第一次穿上这身警服的时候，我才知道，如果没有张老师一天天的陪伴，就没有今天的我。"

"只要还有一口气就要站在讲台上，九死亦无悔"

"我叫张桂梅，是一名普通的人民教师……请允许我代表今天受到表彰的同志们，感谢党中央对我们的充分肯定，感谢广大党员群众对我们的支持和信任！"2021年6月29日，习近平总书记将代表党内最高荣誉的"七一勋章"授予张桂梅等29名同志，张桂梅上台发言。

当天上午，"七一勋章"获得者乘坐礼宾车抵达人民大会堂。张桂梅向车窗外手持国旗和鲜花欢迎的孩子们挥手，满脸慈爱的笑容。接着，她被搀扶着走过红毯，走入人民大会堂。

人们注意到，她的两只手上贴满了膏药。在2021年2月举办的"感动中国2020年度人物颁奖盛典"上，主持人问张桂梅："为什么手上这么多膏药？"张桂梅回答说："贴上，手才能动一点，要是不贴手就伸不开不能动了。已经贴了有几年了。"

6月29日"七一勋章"颁授仪式结束后，张桂梅对在场的记者说，发言的时候非常紧张，"当时我想'不是我在发言'"，而是"全国党员都站在台上，我代他们汇报，我身后都是他们。"

张桂梅1998年加入中国共产党。华坪女高建校办学初期，条件艰苦，有不少老师打了退堂鼓。建校才半年，17名老师中，就有9名提出辞职，只剩8名老师，学校教学工作近乎瘫痪。

眼看学校快要办不下去，张桂梅已经做好了将学生分流到其他高中的准备。然而，在整理学校老师资料时，张桂梅发现，剩下的8名教师中，有6名是党员。

她在接受央视新闻采访时回忆称："抗日战争年代，是什么样的一个年代？只要有一名党员在，一个阵地就不会丢掉的。我们有6名党员（教师），怎么会把党交给我们的这块扶贫阵地丢掉……"

张桂梅在6月29日的发言中更深刻地阐述了当时坚持下来的动力。"在于党的精神感召，学校党员向着党旗保证'一定要把女子高中办好'，百折不挠，顽强拼搏。"

"许多学生和我说，上大学后，第一件事就是申请入党，要成为一名光荣的共产党员，沿着革命先烈的足迹，哪里需要就到哪里去。"多年来，张桂梅探索形成了"党建统领教学、革命传统立校、红色文化育人"特色教学模式，在学生心中深埋一颗颗红色的种子，帮她们系好人生第一粒扣子，引着她们做共产主义事业的接班人。

"有人问我，为什么做这些？其中有我对这片土地的感恩和感情，更多的，则是一名共产党员的初心和使命。"张桂梅在发言时提到，小说《红岩》和歌剧《江姐》是她心中的经典，她最爱唱的是《红梅赞》。

受革命先烈影响，受党教育多年，张桂梅把党的声誉看得很重，把共产党员这个称号看得很重。"只要还有一口气，我就要站在讲台上，倾尽全力、奉献所有，九死亦无悔！"

（资料来源：《新京报》）

🗂 事中有道

教育扶贫，斩断贫困代际传递

立足当下，领航未来；雪中送炭，授人以渔。"十年树木，百年树人。"教育见成效，是一个漫长的过程，教育扶贫自然也是持久战。习近平总书记强调，重点帮助贫困人口子女接受教育，阻断贫困代际传递，让每一个孩子都对自己有信心、对未来有希望。教育是人生的起点，也是改变人的社会综合竞争能力的重要途径。只有通过促进教育公平，促进劳动者就业机会的平等，才能真正缩小收入差距，最终实现共同富裕。张桂梅坚守滇西贫困地区40多年，创办全国第一所全免费女子高中，使2000多名贫困家庭学生圆梦大学，是践行习近平总书记"四有"好老师要求的优秀榜样，是点亮贫困女孩人生梦想的优秀人民教师。

通过教育扶贫，越来越多的贫困学子顺利完成学业，逐渐摆脱贫困，实现人生理想。不让一个孩子因贫困失学，不让一个群众因贫困掉队！教育脱贫攻坚践行着"以人民为中心"的理念，制度设计紧紧围绕人民福祉，因地制宜、因人施策、分类规划、分类指导，尽最大努力满足贫困地区人民群众对教育的需求和期盼，让全体人民共享教育改革发展成果。

教育扶贫是将"扶智"和"扶志"相结合，教育扶贫是长效的扶贫，让贫困家庭子女有学上、上好学，提升教育质量，传递知识力量。张桂梅眼中的贫困女孩可以通过教育，不仅改变自己的命运，还可以改变三代人的命运。教育是长效减贫的孵化器，是防止返贫和新发生贫困的重要手段，更是实现教育现代化目标的基础。张桂梅是脱贫攻坚中涌现出的教育扶贫先进典型，忠于党的教育事业，四处奔波筹措资金，抓住硬件条件提升和教育教学水平提升两个关键点，让贫困地区的孩子享受到教育公平的阳光，让教育成为脱贫攻坚的"原动力"之一。

远方有灯，脚下有路，眼前有光

教育是国之大计、党之大计，也是民生大事。教育和健康关系到每个家庭和国家与民族的未来。机会公平中，教育公平是最大的公平。

教育公平是社会公平的重要基础。促进教育公平是维系社会公平正义的基石。当前我国正处于实现中华民族伟大复兴的关键时期，促进教育公平、减少教育歧视，这对提升社会公平正义，实现社会稳定都有着重要的现实意义。

教育公平是人全面发展的基础。在人的现代化过程中，教育是核心议题，教育的地位及作用逐步上升，并逐步从以物为本转向以人为本。一句"我想让孩子们上清华、北大"，不仅是张桂梅的奋斗目标，更是她前行的动力。华坪女高的校训是"我生来就是高山而非溪流，我欲于群峰之巅俯视平庸的沟壑。我生来就是人杰而非草芥，我站在伟人之肩藐视卑微的懦夫！"这是何等大气豪迈，激荡人心。从这所学校走出来的学子，翻过高山，通过学习知识增强自身本领，通过努力拼搏实现人生价值，真正践行了"知识改变命运"的人生真谛。

为身处大山的女孩不惜燃尽自己的张桂梅走进了更多人们的视野，同时为贫困山区教育事业奉献一生的事迹也给了我们一些启示。性别不平等、贫富差距都是影响教育公平的重要因素，张桂梅是大山女孩的守护者，用双手托起了西部地区贫困女孩上学的希望，为她们提供了公平教育的机会，终于把几千名贫困女孩送出大山，带离"穷沟沟"，走上了更广阔的人生舞台。教育公平是社会公平的重要基础，要不断促进教育发展成果更多更公平惠及全体人民，以教育公平促进社会公平正义。张桂梅老师为促进教育公平点亮灯塔，照亮了千万学子前行的路。

三九严寒何所惧，一片丹心向阳开

2021年10月，"燃灯校长"张桂梅被写入《中华人民共和国简史》，"她坚韧纯粹，甘当人梯，用知识改变贫困山区女孩命运，用爱心和智慧点亮万千乡村女孩的人生梦想"。她真的值得，她是用自己的生命，换大山里的女孩子们一个不一样的未来！

11万公里家访路，走进1300多名学生家……与张桂梅有关的每一个数字，都在诉说着"膝下无儿女，桃李遍天下"的奉献精神，印刻下"教育改变女孩命运"的执着信念。张桂梅带给我们的不仅是"三九严寒何所惧"的决心，还有"一片丹心向阳开"的巾帼力量。在痛失亲人、身患重疾的绝望和打击之中，在引起非议、受到质疑的误解中，张桂梅"雨水冲不垮，大风刮不倒"，展现出新时代女性的自尊、自信、自立、自强。

　　教书育人是助推党和国家各项事业发展的重要组成部分，是事关中华民族伟大复兴的重要力量。张桂梅改变了成百上千女孩和家庭的命运，以一片丹心培育点点红心，为云南乃至全国的脱贫攻坚、教育事业发展做出了不可磨灭的巨大贡献。在教育扶贫的道路上，我们需要千千万万个像张桂梅那样的好老师，努力造就一支素质优良、甘于奉献、扎根乡村的教师队伍，为实现教育现代化提供坚强有力的师资保障。

（三）以"渐冻之躯"铸起战疫铜墙铁壁

来龙去脉

《中共中央关于坚持和完善中国特色社会主义制度、推进国家治理体系和治理能力现代化若干重大问题的决定》中指出："强化提高人民健康水平的制度保障……加强公共卫生防疫和重大传染病防控，健全重特大疾病医疗保险和救助制度。"建设健康中国，是社会主义现代化建设的重要内涵和组成部分，保障人民群众身体健康，是党和政府的其中一项极其重要的工作。2019年底，一场世纪罕见的新冠肺炎疫情开始在中国蔓延，在2020年席卷了全世界，并一直延续至2022年。截至2022年3月15日，根据世界卫生组织的数据，全世界感染新冠病毒的人数达到4.5亿人，600多万人死亡，对人类健康构成了重大威胁。

新冠肺炎疫情在武汉出现后，全国人民上下一心，根据习近平总书记"坚定信心、同舟共济、科学防治、精准施策"的总要求，展开了一场新冠肺炎疫情防控的人民战争、总体战、阻击战。2020年2—3月，武汉疫情趋于平稳并逐渐平息，伟大的抗疫斗争取得了阶段性重大胜利。

在这场抗疫斗争中，涌现出了许多可歌可泣的故事和人物，其中，身患渐冻症而仍然坚守在抗疫一线，被授予"人民英雄"荣誉称号的张定宇就是杰出的代表。

人民英雄

2020年9月8日上午，全国抗击新冠肺炎疫情表彰大会在人民大会堂隆重举行。

乐曲声中，57岁的张定宇奋力走向主席台，右脚一甩一甩，身体一晃一晃。习近平总书记握住张定宇的双手，右手轻拍他的手背，随后将"人民英雄"奖章挂在他的胸前，并仔细帮他抚平绶带。

在这之前，张定宇和2000余名受表彰人员一起，同习近平总书记合影。总书记正后方，站着的是湖北团。

载誉归来，张定宇说："我从没想过当英雄。是所有人一起作出了牺牲与贡献，我仅仅是他们中的一分子。"

中国抗击新冠肺炎疫情，武汉是决战决胜之地，英雄的武汉人民作出了巨大牺牲和重大贡献。这场史诗般的武汉保卫战中，身患渐冻症的张定宇蹒跚而又奋力奔跑的身影，深深印进全国人民脑海。

"我愿燃烧病残之躯，疗愈世间的伤痛"

有细心的观众发现，上台接受"人民英雄"奖章时，张定宇坚定的眼神中也有一丝紧张。他后来解释："我担心在总书记和全国人民面前，走不稳，会摔跤。"

蹒跚着疾步前行，是张定宇留给人们的战斗姿态，其实也是他保持身体平衡的方法。张定宇身患渐冻症的事实现在已经广为人知，而在2020年1月28日之前，除了极少数人，这一事实一直是个秘密。

那天上午8时，金银潭医院中层干部例会快要结束时，张定宇突然对大家说："我的身体出了问题，再不说可能要耽误大事。我患了渐冻症。"然后他从座位上起身，弯下僵硬的身躯："我的时间不多了……拜托大家了！"

南四楼病区主任余婷，一个40多岁的大男人，当场就哭了，"现在回想，这两年，他不管干什么都比之前更急迫更拼命"。

张定宇的膝关节疼痛持续了好几年，这期间，无论是担任武汉血液中心主任，还是就任金银潭医院院长，他都是人们眼中的"拼命三郎"。直到2018年，在妻子程琳的坚持下，他才做了针对性检查。

渐冻症，不治之症。张定宇自己检索了许多资料，发现有这个病，生存时间长则10年，短则5年。他只给了自己3天时间来接受现实，"我是一名共产党员，就算身体在萎缩，但我的思想并没有残疾"。

2018年是张定宇上任金银潭医院院长的第四年，医院开始有了起色，他担心公布病情会影响军心。于是，除了医院党委书记王先广，同事们都只"知道"张院长有关节炎。

自此以后，张定宇做任何事都更加争分夺秒。每个月他都要打一次营养神经的针，流量泵的时间要求是30分钟，但每次他都要护士10分钟打完，"搞快点，我还有事"。

抗疫大战当前公开病情，他考虑的同样是工作。当时，作为武汉抗击疫情的"风暴之眼"，国家指导组、援汉医疗队的专家陆续来到金银潭医院。张定宇是个特别讲礼数的人，按他的习惯，专家们有什么问题和要求，他都会亲自协调解决。但现在，如果继续隐瞒病情，他的动作慢了，可能会引起不必要的误会，耽误时间。

全国人民都被张定宇身患渐冻症的消息震动，而张定宇根本没时间品味大家的同情和敬佩。他的心里只有一件事，"我必须跑得更快，才能从病毒手里抢回更多的病人"。

在医院，同事和战友们看到的，是几乎不休息在追赶时间的张定宇：接收病人、改造病房、探讨救治方案、进行临床研究，"他拼命，我们也拼命"。在视频画面里，人们看到的是蹒跚着出现在各种"战疫"场合的张定宇：方舱医院、各级指挥部、新闻发布会，他的身影，似乎就是信心和坚定的化身。

收治首批7名不明原因肺炎患者后，金银潭医院率先采集样本开展病毒检测，组织动员遗体捐献，为确认新冠病毒赢得了时间，为开展新冠肺炎病理研究创造了条件。冲锋在前，身先士卒，他带领医院干部职工共救治2800余名新冠肺炎患者，为打赢湖北保卫战、武汉保卫战作出重大贡献。

这是张定宇获得"人民英雄"称号的因由。在接受奖章时，他激动地说："我们胜利了！"而他自己，丝毫没有躺在荣誉簿上停下来歇歇的打算。他的臀部肌肉在不断萎缩，大腿小腿越来越细，味觉也在慢慢丧失。"能用我的时间，换回别人更多的时间，没有遗憾了。"人们现在看到的，依然是那个拼命向前奔跑的张定宇。

在母校华中科技大学，他向刚入校的年轻学子们袒露心声："我愿燃烧自己病残之躯，疗愈世间的伤痛！"

"医生也要像战士一样，打仗和准备打仗"

"党员先上，干部先上！"2020年1月4日，张定宇敏锐意识到疫情非同寻常，召开全院党员干部大会，带领大家重温入党誓词，并严明纪律，喊出了"保卫武汉，保卫武汉人民"的口号。

24小时腾空准备好一个病区，21个病区没有一个人讲条件，没有一个人说"我做不到"。抗疫大战，金银潭医院举世瞩目，英雄辈出。副院长黄朝林，在与病毒较量中不幸感染，治愈后立即再次投入战斗；放射科主任樊艳青，夜以继日筛看CT，"我的眼睛不是用来哭的，是用来看片子的"；医生涂盛锦与护士妻子曹珊，把宿舍让给援汉医疗队员，以车为家近一个月……

这在6年前是不可想象的。6年时间，张定宇重铸了这支队伍的灵魂，锻造了这支队伍与传染病较量的战斗力。

2013年12月底，组织找张定宇谈话，准备将他调到武汉市医疗救治中心（后改名为金银潭医院）任院长。

由三家医院合并组建的武汉市医疗救治中心，底子薄，队伍散，业务差，被职工戏称为"丐帮"，之前已经有两个人拒绝了这个差事。"只犹豫了10秒"，身为共产党员的张定宇决定：服从组织调动，努力打开工作局面。

上任第一天，出于客气，王先广11时45分去喊他吃饭。张定宇一看表："11点45分你去吃个什么饭，怪不得你们作风这么松散！"

"传染病医生也要像战士一样做好两件事：打仗和准备打仗。"张定宇说。

ECMO（体外膜肺氧合）是这次疫情当中最广为人知的"救命神器"，但在疫情之初，全国掌握这门技术的医生并不多。支援金银潭医院的上海专家刚来时很意外，他们发现这家在全国默默无闻的"小"医院，竟然有6位医生会使用ECMO。

养兵千日，才能用兵一时。2014年，湖北省卫健委给医院订购了一台ECMO，但没人会用，一直躺在医院库房。"机器是国家的，不能废在我们手上"。2015年下半年，张定宇请来心脏体外循环专家培训ICU的医生，建立起ECMO团队。

对传染病医院来说，能用到ECMO的机会很少，张定宇要求团队自带设备和耗材包到外院甚至省外去，给有需要的患者免费手术。为此，光是单价4.8万元的耗材包，医院每年就要拿出10个。

打造一支抗击传染病的特种兵队伍，在张定宇看来，是一项"政治责任"。在一次报告会上，张定宇旗帜鲜明地说："医疗机构要讲政治、有情怀、知敬畏，治病救人是党交给我们的政治责任，也就是医生的初心和使命。"

抱着这样的初心和使命，哪怕是在上班的地铁上，他也在研读医学期刊，看到好的技术、设备、方法，就想办法引入医院，"平时必须下功夫，关键时刻才顶得上去"。医疗援非，他第一个报名；汶川地震，上级指示他选派医护，他选了自己，"党和国家需要，我就去"。

"要不是他在这里镇守6年，这次金银潭要出大事！"王先广说。张定宇脾气火爆，医院很多中层干部经常被他训斥得找不着北，但他们对张定宇只有感激和佩服，"过去我们都不好意思说自己是金银潭的医生，现在我们说自己是金银潭的医生很自豪"。

"绝不能在病人身上打主意"

王先广与张定宇搭了6年班子，王先广评价他是"温情的狮子"。对病人，他总有一种发自心底的悲悯和怜惜。

新冠肺炎病人免疫力低下，打白蛋白能增加免疫力。医院一位病区主任让病人家属自己去买，张定宇知道后震怒，免了这个主任的职。"医院里有这个药，病人可以免费用，为什么还要增加病人负担？"

张定宇要求，金银潭医院决不因为钱拒收病人。一位用ECMO救活的患病毒性肺炎的年轻小伙，出院两年多了还欠着医院20余万元的医疗费。张定宇说："20万元换回一个年轻的生命，值！"为了一位湖南的贫困重症患者，张定宇专门研究了国家大病救治相关政策，并派人去患者老家，拿着这些国家政策为这位患者跑"救命钱"。

他始终明白自己所做的每一件事是为了谁。

"绝不能在病人身上打主意，我们要想办法用自己的医学知识去创造价值。"张定宇到任金银潭医院第7天，就宣布要建设GCP（国家新药临床试验）平台。

2017年5月，医院通过了GCP认证；6月，国家开展仿制药一致性评价，要求所有有资质的机构要大力开展这项工作。第二年，GCP给医院带来的横向研究经费达到了6000万元。第三年就突破亿元，金银潭医院借此一项，不仅科研能力得到极大提升，经济收入也上了台阶，职工福利大大增加。

疫情发生后，科技部紧急启动了4项新冠肺炎的科研攻关，金银潭医院的GCP再次派上用场，王辰院士、曹彬教授在这个平台迅速展开克力芝、瑞德西韦等新冠肺炎药物的临床研究。

"只要是为了病人，事情做了，做好了，国家就会认可。"这是张定宇常常说的一句话。

10月10日下午，张定宇回到家乡驻马店，他特意带上了女儿，"让我的后代看看祖辈们生活过的地方"。

虽然张定宇很小就跟着父亲来到武汉，在汉正街长大，但父亲常常叮嘱他不能忘本。2012年，他带着父亲的嘱托，一路打听回到了老家确山县香山乡韩庄村（今属驿城区）。村中早已没了亲人，他还是很激动："这是我的老家。"

根在乡村，长在武汉，张定宇身上也有武汉人特有的"飒"。他习惯讲武汉话，觉得这样才舒服。无论是谈及自己的病情，还是在一些严肃场合，他都幽默、松弛。

参加《故事里的中国》访谈，主持人撒贝宁说导演组曾要求他去搀扶一把张定宇，同为武汉人的撒贝宁拒绝了："你们不了解张院长，我要是去扶他，他肯定会说'你给我走远一点'。"

张定宇立马用武汉话接过去："蛮烦人！"现场观众都被他逗乐了。

（来源：《长江日报》）

🔶 事中有道

冲锋在前，默默奉献

疫情就是命令，防控就是责任。面对这场没有硝烟的战争，有这样一批人，放弃休息，放弃与家人团聚，义无反顾地冲在疫情防控第一线，为家家户户的生命安全默默守护。一张张给上级的"请战书"、一条条与亲人的宽慰短信、一颗颗救死扶伤滚烫的心，他们用大医仁心，用一个个感人至深的敬业行动为公众安全保驾护航。广大医务工作者尤其是党员医务人员，不忘初心、牢记使命，响应党的号召，义无反顾冲上一线，同时间赛跑，与病魔较量，顽强拼搏、日夜奋战，用血肉之躯和温热情感筑起一道道健康防线。

冲在第一线，挺在最前沿。共产党员、院长、医生，这是张定宇同志的三重身份。他曾随中国医疗队出征，援助阿尔及利亚；以"无国界医生"身份出现在巴基斯坦的蒂默加拉医院……如今，他又战斗在新型冠状病毒感染肺炎疫情防控的前线。他不顾个人安危、出生入死，一心为党，兑现的是对组织、对人民的承诺，把共产党人的面貌展现在了防疫的战场。自2020年疫情以来、"人民英雄"张定宇坚定的脚步，印在了全国人民心里。和他一样，还有许许多多党员干部冲在一线、站在前沿，我们可能叫不出他们的名字，记不住他们的面孔，但他们下沉一线、冲锋一线的身影，像火种像灯光，在这寒冬里带给我们温暖坚实的力量。

国家有难，医护有责。救死扶伤，是医护人员的天职。只要有百分之一的可能，就付出百分之百的努力。作为党员，他们义不容辞；作为医生，他们义无反顾。一名党员就是一面旗帜，一个支部就是一座堡垒。敢于担当是一种责任、一种精神，更是一种能力，是党员的基本政治品格和素质要求。厚重的防护隔离服背后是医者的坚守，连续几小时不吃不喝，护目镜中的汗水、脸上深深的压痕、干裂的嘴唇是医务工作者最美的样子。

坚守一线，舍生忘死

疾风知劲草，烈火见真金。在抗击新型冠状病毒感染的肺炎这一场没有硝烟的战斗中，无数位白衣"逆行者"挺身而出，手挽手、肩并肩筑起了一道坚不可摧的生命防线。一份份请战书，彰显着白衣战士的无畏。把危险留给自己，用生命守护市民健康。选择了"医生"这份职业，就是选择了奉献，这是医务人员对守护生命的承诺。

新冠肺炎是呼吸道传染病，病毒传染性极强、破坏力很大，医护人员近距离抢救病人，尤其是每一次面对面插管抢救危重病人时，就面临一次生死考验。气管插管是危险的操作，因为插管时病人肺部会有大量含有高浓度病毒的分泌物喷溅而出，有时会溅到医护人员脸上和身上。但这也是抢救病人生命的关键动作，如果不及时插管，病人很有可能一口气上不来就"过去"了。广大医护人员不惧风险，在"生死较量"中拼尽全力。

在与患者并肩奋战抗击疫魔的日子里，医护人员是"生命的守护神"。他们是子女，也是父母，他们舍小家之幸福，护大家之安康，尽显担当和实干。在新华社、《人民日报》、《面对面》等多家中央媒体采访中，张定宇院长讲述自己带病抗疫的故事。他用有限的生命时间，与病毒抗争。他对自己的生命淡然微笑，让人过目难忘；他对人民的生命关爱备至，令人由衷敬佩。"我必须跑得更快，才能跑赢时间；我必须跑得更快，才能从病毒手里抢回更多病人。"这是他治病救人和全心全意为人民服务的信念和担当。

恪尽职守，勇于担当

医生救治病人需要的不仅仅是药物治疗，更多的是同理心，实际上就是要换位思考，要站在患者的角度上去思考事情。广大医务人员作为维护社会和谐稳定、人民生命健康的中坚力量，以治疗病人为天职、为使命。他们是先行者、主力军，把人民生命安全和身体健康放在第一位，始终保持人民至上、生命至上的炽热情怀。

作为渐冻症患者，张定宇冲锋在前，身先士卒，带领金银潭医院干部职工共救治2800余名新冠肺炎患者，为打赢湖北保卫战、武汉保卫战作出重大贡献。他兢兢业业，默默付出，急病人之所急，想病人之所想，默默奉献，不怕吃苦，勤干实干，体现了一名共产党人的牺牲精神。在武汉、在金银潭，张定宇乏力的肌体承载着坚强的意志，跛行的足下是疫病望而生畏的阵地。除了治病救人，医生是科学探索中不可或缺的中坚力量，重视科学研究在国家重大专项课题中的锻炼，这些重要的抗疫工作得以在专业的水平上顺利推进。

哪有什么岁月静好，只是因为有人在为我们负重前行！厚重的防护隔离服背后是医者的坚守。一线医务人员把工作强度增到极限，把个人需求降到最低。一张张压痕清晰的脸上，总有抹不去的疲倦，但一束束坚毅的目光，更给患者无穷的温暖和力量。英雄就来自于平凡，英雄就来自于人民。正是这群"新时代最可爱的人"，以坚定的职业信仰和精湛的专业技能，为人民的健康筑起一道可以依靠、能够遮风挡雨的铜墙铁壁。

（四）不论严寒酷暑坚持维护天安门整洁形象

来龙去脉

《中共中央关于坚持和完善中国特色社会主义制度、推进国家治理体系和治理能力现代化若干重大问题的决定》中指出："发展社会主义先进文化、广泛凝聚人民精神力量，是国家治理体系和治理能力现代化的深厚支撑。"坚持以人民为中心的工作导向，是社会主义先进文化建设的出发点和落脚点。

全国劳动模范和先进工作者是千千万万奋斗在各行各业劳动群众中的杰出代表。在社会主义现代化建设中，我们培育形成了爱岗敬业、争创一流、艰苦奋斗、勇于创新、淡泊名利、甘于奉献的劳模精神。劳模们在平凡的岗位上创造了不平凡的成果，以实际行动诠释了中国人民具有的伟大创造精神、伟大奋斗精神、伟大团结精神、伟大梦想精神。

环境卫生作为社会和谐与文明进步的重要标志，反映着物质文明和精神文明建设水平。天安门广场的"美容师"蔡凤辉，正是一名从事环卫工作的全国劳动模范。她以干劲、闯劲、钻劲传承劳模精神，走好时代之路，精心呵护了大国"颜面"，以无悔付出赢得尊重，用劳动灌溉梦想，用奋斗诠释"劳动人民最光荣"。

光荣属于劳动者

在中央电视台对蔡凤辉的采访中，展示了她凌晨四点带领团队一丝不苟操持天安门妆容的画面。面对常年无休夜以继日的艰苦工作，蔡凤辉说："我曾经怀揣着梦想来到了北京，如今我可以自豪地说，我用奋斗实现了梦想。"她所在意的不是辛勤付出背后的劳累，而是如何把工作做好。

蔡凤辉原本从未想过会与天安门产生如此深厚的联系。1995年蔡凤辉独自踏上了去往北京的列车，在北京闯出一番天地是她在20岁做过的最美的梦。初到北京，蔡凤辉发现这并不简单，没有一技之长的她，在偌大的北京城里能做些什么呢？蔡凤辉觉得工作没有尊卑之分，只要肯干，在哪一行都会做出成就来的。她千辛万苦找到了一家饭店愿意接收她当保洁，很快总经理就注意到了认真踏实的蔡凤辉。蔡凤辉也因此迅速从实习生晋升到主管。这一年蔡凤辉22岁。在北京的二十几年里蔡凤辉从事过不同行业，但不变的是她在每一个岗位都会把工作做实做细做好。

2006年的劳动节假期，天安门广场的环卫工作急需支援，于是相关部门请了几家保洁公司共同负责天安门广场的环境卫生。蔡凤辉所在的公司就是其中的一家。此次任务十分艰巨，蔡凤辉作为队长全权负责，所有的员工都几乎是二十四小时轮班打扫，这七天是游客量的高峰期，每分每秒都有大量的垃圾产生。她作为指挥者不能休息一刻，七个昼夜都几乎没合过眼。在这场艰苦的战役中，蔡凤辉带领的这一队人不怕苦不怕累，在最后的评比中竟然获得了第一名，蔡凤辉一战成名。没过多久蔡凤辉就被邀请到天安门项目部担任保洁部班长，负责天安门的保洁工作。现在每天蔡凤辉都要无数次从广场上经过，她觉得不敢想象，自己像在做梦一样。她也因此更加热爱自己的工作，每天都充满了干劲。每一次任务蔡凤辉都全力以赴，她凭借着自己的精湛业务和高度的责任心，最后不辱使命顺利完成了各项保障工作。

2018年习近平总书记给蔡凤辉所在的中国劳动关系学院劳模本科班学员回信，信中写道："社会主义是干出来的，新时代也是干出来的。希望你们珍惜荣誉、努力学习，在各自岗位上继续拼搏、再创佳绩，用你们的干劲、闯劲、钻劲鼓舞更多的人，激励广大劳动群众争做新时代的奋斗者。"

巧思善工铸就卓越

2012年的五一黄金周，蔡凤辉作为天安门环卫部的班长第一次执行紧急任务。从4月27日到5月8日，人工保洁团队的120人分为早、中、夜三个班次轮流作业，要负责广场和周边的垃圾捡拾、果皮箱清洁和垃圾清运等日常保洁工作。保洁班的全部人员都是走着用笤帚和簸箕清理地面，工作量非常大，每天要行走大约50公里。工作结束后有的工人脚上磨起了水泡，有的走崴了脚。为了解决这个问题，蔡凤辉一直冥思苦想。蔡凤辉偶然看见路人骑着一种三轮电动车，突然一个灵感出现在她的脑海之中，这种三轮车放到天安门当保洁车不是很好吗？她立刻就上前询问三轮车的相关信息，通过联系厂家，她了解了三轮车工作的具体优势，决定引进三轮电动车作为保洁员的代步车。

为了让代步车更加适合清洁员习惯，她从零开始学习电动车的工作原理，亲自上手定制适用天安门保洁作业需求的代步车。考虑到工作时习惯用右手扶把，左手捡拾垃圾，她又亲自动手设计，将三轮车的制动系统移到了右手位置，并将原来用于坐的位置改为了一个塑料的垃圾箱。电动车上还有可以放毛巾的位置，毛巾用来擦拭果皮箱，放到最下边，上面用于放置喝水的杯子。车上还留有专门放置铲子和夹子的空间，铲子用来铲口香糖，夹子便于骑车时捡拾垃圾。她把方案提交上去了之后，获得了领导们的一致好评，他们纷纷夸赞蔡凤辉有创新精神，保洁车不仅大方、实用、美观，还大大提高了工作效率。只花了半个月的时间，一款便捷、高效、环保的电动保洁车就出现在天安门广场。保洁员们有了先进的工具，以前5分钟的路程，现在1分钟就能到达。在蔡凤辉的大力支持下，2018年在天安门投放了8大类70余台新能源设备，包括洗扫车、垃圾清运车以及地下通道清洗机、多功能四轮水车等多种设备，天安门保洁工作实现了从地下通道到地上步道、从护栏到台阶、从路面到路牙的机械化全覆盖作业，进一步优化了工作流程。

面对"垃圾落地5分钟内被清理，尘土残存量每平方米不超过5克"的严格标准，蔡凤辉总结出"人机结合、网格管理、快速捡拾、定期冲刷、监督检查、专业高效"24字工作方针，为各大环卫保障工作圆满完成提供了坚实保障。面对口香糖黏连的清理难点，她带领团队共同通过实践摸索解决的方法，发现用钢丝刷头安装在手持电钻上，在口香糖污渍上洒水软化再进行清理的办法，成功地在去除了口香糖污渍的同时又保证不损伤大理石地面。她把这个方法推广开来，用铲刀和自制电动钢刷，通过发明的口香糖清理工具，解决了困扰天安门地区保洁工作多年的口香糖难题。蔡凤辉带领员工两个月时间清理了28万平方米共50多公斤的口香糖，整个天安门广场焕然一新，中外游客为她们竖起了大拇指，并引来多家媒体报道。

平凡而伟大，一生甘做环卫人

"实现我们的发展目标，不仅要在物质上强大起来，而且要在精神上强大起来。全国各族人民都要向劳模学习，以劳模为榜样，发挥只争朝夕的奋斗精神，共同投身实现中华民族伟大复兴的宏伟事业。"习近平总书记深刻指出。

伟大事业孕育伟大精神，伟大精神引领伟大事业。蔡凤辉始终保持着人在哪里，哪里就是中国的使命感。她觉得环卫工作因为工作强度大，干好这份工作不要怕吃苦，需要干一行，爱一行，有职业荣誉感。要勇于担起大任，居安思危，不懈奋斗。蔡凤辉不把自己的工作做干净就誓不罢休，她觉得自己并没有做出什么惊天动地的大事，只是一直不辜负党和国家的培养，用心用情尽全力完成好组织交给她的工作，发出属于自己的每一分光。蔡凤辉的座右铭是鲁迅先生说过的一句话："有一分热，发一分光。就令萤火一般，也可以在黑暗里发一点光，不必等候炬火。"

蔡凤辉一直努力前行，把青春的梦想写在天安门广场的每一片土地上。2012年至今，蔡凤辉带领天安门保洁班先后承担了"抗日战争暨反法西斯抗战胜利70周年""新中国成立70周年"等重大环卫保障任务共计上百次。在这十年里蔡凤辉获得了全国五一劳动奖章、全国巾帼建功标兵、北京市"三八"红旗奖章、"北京榜样"等荣誉称号。蔡凤辉持续拼搏，为北京环境卫生的干净整洁献出自己的微薄之力。她热爱这份工作，愿做一生的环卫人！

（资料来源：央视网，《中国城市报》百家号，中国劳动关系学院官网）

🗂 事中有道

坚守一线，诠释担当

环境卫生是城市形象的名片，是城市文明的象征。环卫工作是与民生息息相关的重要组成部分，环卫在社会发展过程中的重要性日益凸显。环卫工人工作很辛苦，三餐四季，春天有沙尘暴，夏天有雨，秋天有落叶，冬天有雪，但无论天气如何变化，环卫工人始终坚守在第一线。

蔡凤辉是一名普通的环卫工人，从事呵护天安门"颜面"工作。天安门广场的环卫工作非常重要，特别是"五一"等节假期，正是环卫工人忙碌的时候，需要蔡凤辉和她的团队坚守在工作第一线，保持天安门广场干净整洁，为游客创造高品质服务，为游客提供一个干净美丽的节日环境。这群看似透明的基层工作者，在维护天安门形象的过程中展现了不一样的风采，为北京贡献了不可或缺的力量。她默默无闻，经常加班加点，目的是让大家有一个干净整洁的环境，看到天安门干净如新。

以蔡凤辉为代表的环卫工人热爱一线工作，坚信一份工作无论大小、无论轻重，都来之不易，都是党和国家的一颗螺丝钉。作为天安门的"美容师"，她践行了干一行、爱一行、钻一行的初心，在平凡的岗位上书写不平凡的篇章，赢得全社会的尊重。人民的城市是人民建设的，城市是为人民而建的，城市环境卫生与城市社会的整体发展进步息息相关。在优美的环境中，人们会增强环保意识，不断培养良好的情操，进而形成良好的社会风气。工作岗位没有高低之分，劳动最光荣，劳动者最美，坚守在普通平凡的岗位上，对事业充满追求，对生活充满热爱，是蔡凤辉的担当。

平凡岗位，幸福源泉

平凡成就伟大，正是劳动者给予自己最美的注脚。新时代我国社会的主要矛盾是人民日益增长的美好生活需要和不平衡不充分的发展之间的矛盾。人们对更好的环境卫生的需求不断增长，意味着环卫工作已经上升到改善人居环境和优化投资环境，促进可持续发展的高度，逐渐成为推动社会经济发展不可或缺的一部分。

劳动没有贵贱之分，只是分工不同。环卫工人负责环境卫生、垃圾处理等工作，是维护城市形象、保障城市正常运行的重要力量。他们是城市里起得最早的人，穿过街道小巷，每天都在城市的各个角落里忙碌。他们默默地努力，不管严寒酷暑，工作量大成为工作中的普遍情况。"如果你是一滴水，你是否滋润了一寸土地；如果你是一缕阳光，你是否照亮了一片黑暗；如果你是一颗最小的'螺丝钉'，你是否永远坚守着自己的岗位"，雷锋同志日记中的这段话恰恰说明了环卫工人为社会发展、人民幸福做出的努力和付出。他们的劳动是全社会文明的窗口，不仅成就了整个城市的发展，也实现了自身的社会价值。

面对工作中的新变化、新要求，蔡凤辉吃苦耐劳、踏实肯干、灵活应变，她知道自己不仅要做一个好的排头兵，更要成为团队的中坚力量。劳动是财富的源泉，也是幸福的源泉。习近平总书记在给蔡凤辉所在的中国劳动关系学院劳模本科班学员的回信中写道："社会主义是干出来的，新时代也是干出来的。"这是对蔡凤辉等广大一线工作者的鼓励和支持。通过自己的劳动，他们不仅干净了自己的小环境，还融汇了优美的大环境，既方便了别人，也让他们可以直接享受到自己的劳动成果。广大环卫工人的兢兢业业、辛勤付出，赢得了各方的赞誉，他们所获得的荣誉称号更是对他们劳动的肯定，得到了群众的尊重、社会的认可、同行的赞誉，这不仅可以提高他们的社会地位，同时也让他们知道自己的努力和奋斗闪烁着光芒。

平凡中坚守，创新中闪光

这是属于劳动者的新时代，只要肯努力，就能找到实现精彩人生的舞台。有人类活动的地方，就有环境卫生问题，特别是大城市和特大城市，人口密集、生活紧凑，环境问题无处不在。在很多人眼里，环卫工作又脏又累，是"不起眼"的工作，殊不知环卫工人每天辛勤工作，维护城市形象、牵系万家洁净，这是一项崇高的事业。蔡凤辉带领团队经常满负荷工作，力求环卫作业达到全覆盖、无死角、无盲点，不管冬夏寒暑，也不论雨雪纷飞，她都默默无闻地坚守在自己的岗位上。

环卫工作是城市生活链条中的一个环节，环卫工作的好坏反映了城市经济发展水平。随着城市的现代化进程，环卫工作本身的现代化程度也应该提高。在长期的工作中，蔡凤辉根据实际工作要求，不断提高工作效率，发明了简单的工具用于清除小污染，甚至不用弯腰伸手捡拾垃圾。同时，为了满足环卫服务需求，跟上环卫事业的发展趋势，她还积极推动以机械和车辆等技术手段去完成环境卫生维护和整治工作。无论是用来铲口香糖的铲子，还是改装设计便捷、高效、环保的电动保洁车，都充分体现出蔡凤辉的踏实肯干与创新精神。

工作手段的创新发展，工作条件的改善，增强了环卫工人的归属感、自豪感，提升了环卫工人的工作效率。荡尽浮尘绘玉瓯，情怀不改写春秋。作为社会的一员，关心、支持和配合环卫工作，珍惜环卫工人的劳动成果，把尊重和善待环卫工人的措施落实到具体的行动中，是城市居民综合素质的外在表现，更是文明社会的发展的重要体现。

（五）用"辛勤指数"换来"幸福指数"

来龙去脉

习近平总书记在党的二十大报告中提出："着力解决好人民群众急难愁盼问题，健全基本公共服务体系，提高公共服务水平"。社区是党和国家许多政策措施落实的"最后一公里"，推进基层治理体系和治理能力现代化建设，是全面建设社会主义现代化国家的一项重要工作。

社会治理是社会建设的重大任务，是国家治理的重要内容。打造共建共治共享的社会治理格局是增强人民群众获得感、幸福感、安全感的有效途径。越来越多的社区干部们通过创新基层社会治理，有序增强社区自治能力，用自己的真情和大爱展现着不普通的担当与作为。

北京市顺义区空港街道金港嘉园社区党支部书记绳桂玲在该街道工作了十余年，时刻坚守初心、担当使命，把群众的利益、民生的关切放在最重要的位置，做群众最可信、最可靠的贴心人。在平凡的岗位上，她凭着扎实的足迹、执着的精神，在社区工作中播撒着爱心，用她的赤诚，诠释着一位基层社区党支部书记的为民情怀。她用自己的"辛勤指数"，换来了群众的"幸福指数"。

开新局探索社区治理新路径

面对纷繁复杂的社区治理工作，绳桂玲立足"创新"二字，不断探索更多的治理新方法。

社区公共绿地斑秃现象严重，绳桂玲带领社区党员开垦第一块试验田，推动"绿地认领"自管模式，吉祥花园社区内130余块绿地，都有了"主人"。北京实施生活垃圾分类之初，居民意识淡薄，绳桂玲大胆创新，发挥社区娃娃主力军作用，自2020年4月起，已有100多名小朋友建立了自己的环保台账，带动家庭分类。同时，策划"开箱有礼"换取环保袋活动，号召更多居民参与进来。社区紧邻地铁站，流动人口较多，为实现房屋动态管理，绳桂玲牵头组织吉祥花园社区与周边多家共建单位签订共建协议，通过与中介对接，建立社区人口流动信息报备群，为社区居民创造良好的治安环境。

疫情期间，通过一次次"敲门"家访，社区人口数据进一步精准化。为巩固社区治理成果，绳桂玲向地区社会组织的工作人员表达了自己的想法："能不能设计一个人口数据管理小程序，方便社区实时掌握数据？"现在，小程序已经启用，还设置了生日提醒功能。每当社区居民有人过生日时，社区工作者通过"敲门"、电话、微信、短信等各种方式，把生日的祝福和温馨的问候送到居民身边。"社区竟记得我的生日""社区人情味真足"，居民的惊喜反馈就是对社区满满的好评。

吉祥花园的社区治理创新，还有很多。绳桂玲说，在这些年的工作中，居民们和社区的同事给了她足够的认可和支持，才让社区治理更"智慧"，所有成绩的取得，都不是她个人的，而是大家的。

随接随办，迅速解急解困

对于社区工作而言，速度很重要。近年来，绳桂玲提出一条社区工作原则：要做到随接随办，从而在第一时间解决居民所急所困。绳桂玲在社区内开设了"移动办公桌"，将办公桌从居委会搬出来，面向群众零距离办事，与社区居民面对面了解问题，利用线上的微信群与线下的议事厅相结合的策略，将社区居民的积极性调动起来。

社区居民李大妈对记者说："看到我们楼一层安装的安全扶手有些松动，我就马上反映到社区的'移动办公桌'。居委会迅速行动，在两天之内就修好了。还把社区所有楼门的安全扶手都检查了一遍，这样更方便我们老人的出行安全。"一位年轻小哥说："社区里的有些树木很高，枯枝比较多，风大时容易刮断，存在砸到车和行人的隐患。我反映之后，很快得到解决。我觉得社区的办事效率很高，应该点赞。"

绳桂玲还组织社区网格员对辖区2080户居民发放便民服务卡，卡上印有社区、街道相关科室及她本人的联系电话，居民有困难需要帮助，随叫随到。服务卡背后还附上了二维码，居民扫码之后就可以关注社区微信公众号，随时了解社区动态。同时促使社区工作者走到居民身边，进行"纵向入户"。该号码24小时开机，随时随地接听社区群众的来电。谈到这张卡片的用意，绳桂玲是这样想的："让居民们有事儿千万要给我打电话，不用考虑我此时此刻在干什么。"

当天服务卡刚发下去，次日凌晨2点，绳桂玲的电话就响了。一位女士说，家里的自来水管爆裂了，满屋都是水。但她此时正在外地出差，家里只有一位老母亲，实在没有办法。绳桂玲二话没说，穿好衣服立即来到现场，淘了两个多小时的水，裤子和鞋都湿透了，腰疼得都直不起来。完事了还不忘安慰老人，老人感动得不知该说什么……

居民张阿姨说："有时候想起一些事想咨询，但电话号码老容易忘记，现在有了这服务卡就方便多了，直接挂在钥匙上，有什么事，只要一打电话，立马就能得到解决，真方便！"

绳桂玲常说，她不是万能的，但不听取居民意见建议是万万不能的。她觉得要收集辖区居民对社区工作的意见和建议，引导社区居民参与基层治理。绳桂玲每周都要用两个半天的时间与居民面对面交流，了解居民真实想法，广泛收集居民的"好话"与"怨言"，定期把上面的"声音"传下来，把基层的"声音"带上去，打通联系群众"最后一步路"。绳桂玲说："我日常几乎不在室内办公，我把办公桌搬到外面去了，老百姓的身边就是我办公的地点，随时随地上门为大家服务。这样既便于发现问题，也能及时倾听百姓声音，大家都愿意把自己的事跟我说。"绳桂玲经常说的一句话是："有事您找我，我不怕麻烦，您就是我的家人。"

对于难以短时间解决的问题，绳桂玲则让社区内的党员与居民代表坐到一起，将社区面对的困难摆到台面上讨论，共商对策，大大加速了解决困难的进度。"不文明养犬"一直是吉祥花园社区治理的难题，通过不断讨论，社区迅速制定了文明养犬方案，与居民们签订了文明养犬责任书，给养犬的居民发放遛犬工具，包括狗便袋、狗绳、水壶，督促居民文明养犬。绳桂玲说："通过各种议事，以情感为纽带增强社区居民的社区认同感，让他们参与社区治理，增强社区居民的自豪感和奉献感，让社区居民真正实现'居民自治'，成为社区治理的有生力量。"

以小带大，激发热情

垃圾分类对于社区治理是个"老大难"问题。"以前社区垃圾都没有分类，厨余垃圾和其他垃圾甚至有害垃圾都是混在一起投放的。一开始推行垃圾分类非常困难，居民压根儿不懂什么是垃圾分类，不知道该怎么分类，在多次劝说引导下，居民还是不太拿垃圾分类当回事。"金港嘉园社区工作人员介绍说。

针对这个"老大难"问题，绳桂玲组织成立了一支由50余名学龄儿童组成的"娃娃总理"劝导队，社区通过开展对孩子们的核心价值观教育，让孩子们带动并监督自己的父母，以及爷爷奶奶和姥姥姥爷，让"同治理"意识走进家庭，不仅垃圾分类得到很好解决，其他的问题也解决了不少。

"奶奶，您帮我看着点我的小马扎儿，我要回家找爷爷去，给爷爷讲讲楼道是公共区域，电动车不能放那，也不能在家里充电……"小女孩这样与奶奶说道。不一会儿，小女孩带着爷爷来到了广场："爷爷，您也听听，消防员就是这样说的，我没有骗您……""好，爷爷听你的，就你懂得多！""姥姥，垃圾不能随便乱放在一起扔，那样是不对的！环境会被污染的！要区分生活垃圾、厨余垃圾、其他垃圾、可回收垃圾才行。"

绳桂玲介绍，通过多次组织"娃娃总理"开展社区环境治理和垃圾分类宣传实践活动，引导儿童从小树立环保意识，以小带大，形成"发动一个孩子，带动一个家庭，影响整个社区"的良好社会效应。她说，"这样在随时处理家中可回收物品的同时，逐步提高全民参与垃圾分类的意识。现在社区已有100余位小朋友建立了环保台账，记录自己的环保足迹。"

全心全意为居民，一枝一叶总关情

在十多年的时间里，绳桂玲以她的热心肠与真挚情意感染着吉祥花园社区的每一位居民，不断为社区居民们办好身边事。社区里有些老人当家中出现突发情况时，第一时间所考虑的并不是联系自己的孩子，而是打电话给绳桂玲，因为他们所信赖的"绳闺女"一定会及时赶到。绳桂玲觉得"社区工作的忙是真忙，累是真累，但也开心、充实。这么多年来，事有人管，难有人帮，苦有人问——这是社区居民给我的最高评价。"

不忘初心，方得始终。在社区工作这一份枯燥乏味的平凡岗位上，绳桂玲以一颗赤子之心，阐述了一位基层社区党支部书记的高尚品格。种瓜得瓜，种豆得豆。绳桂玲先后获得了北京市抗击新冠肺炎疫情先进个人、北京市优秀共产党员、北京市劳动模范等多项荣誉称号。她用自己的"辛勤指数"，换来了群众的"幸福指数"，无愧于"最美城乡社区工作者"的美誉。

（资料来源：央视网，《中国社会报》《中国城市报》《顺义时讯》）

事中有道

多方联动，高效治理

社区是社会的细胞，是社会治理的基础单元。社区虽小，却连着千家万户。要实现高效的基层治理，需要在基层治理中不断加强创新，提高治理能力，直面工作中的各种难题和挑战，打通服务群众的"最后一公里"。

绳桂玲为了将已经成为"斑秃"的公共绿地打造成共享绿地，推动"绿地认领"活动，邀请社区居民认领，一起参与养护管理，让居民广泛参与其中，鼓励居民主动参与社区共治，就近认领绿地栽种花草，美化社区环境，提升社区环境建设水平。该活动使居民的爱心得到释放，精神得到凝聚，不仅融洽了邻里关系，推动社会秩序和谐，还增强了公益力量，实现了社区的共建共享。

为进一步推进和深化垃圾分类宣传员工作，鼓励居民养成垃圾自觉分类、正确投放的行动意识，不断提升社区治理能力和治理水平，绳桂玲创新发挥社区娃娃主力军作用，大胆尝试，并取得良好效果。社区制定了"以小带大"模式，鼓励社区的小朋友建立自己的环保台账，策划换取环保袋活动，鼓励居民向上向善，让每个人都成为社区治理的主人。多举措探索垃圾分类新模式，让垃圾分类生根落地，真正成为一种新时尚，打造干净整洁的美丽社区。

建立社区的"移动办公桌"进行民情收集汇总、分析研判，架起了一条畅通且有温度的民情反馈渠道。"移动办公桌"的随接随办就像毛细血管一样深入基层社会治理的"最后一米"，对于改善基层社会的"微循环"发挥了重要作用。绳桂玲主动作为，积极争取各方支持，切实解决居民群众反映的急难愁盼问题，让社区居民群众有更多的幸福感和获得感。

数据支撑，整合资源

科技赋能社区治理，以"润物细无声"的方式推动社区精细化治理，发挥巨大作用。社区治理作为社会治理的"最后一公里"，是实现社会治理现代化的重要根基，也一直是基层的重点和难点。如何利用科技赋能，有效提升社区治理的精准度和精细化水平，已成为当前社区治理的重要课题。在数字化时代背景下，智慧治理成为邻里沟通和社区治理之间的有效桥梁。

疫情期间，社区防控任务复杂艰巨，风险摸排、核酸检测、隔离管控、卡口值守等，任何一个环节麻痹大意，都可能给疫情传播带来可乘之机。社区是联防联治的前沿阵地、是防范疫情传播的关键环节，繁重的防控任务和巨大压力迅速落到基层社区工作人员肩上。

绳桂玲积极探索更加高效的社区人口数据收集，通过数据支撑、科技赋能，应用人口管理小程序，实时掌握最新动态，针对常态化疫情防控要求，做出有针对性的方案，更好地推动社区治理创新。这款小程序在其他时间也同样发挥效用。例如，有发送生日祝福等暖心功能，让社区治理更具人情味。绳桂玲深知社区治理本质上还是做人的工作，把方便群众、服务群众作为社区建设的立足点，将分散的资源整合起来，把老百姓的困难解决好、需求满足好，才能营造一个和谐、幸福的家园。

精细服务，和谐共享

完善社会治理体系就是要建设人人有责、人人尽责、人人享有的社会治理共同体，构建基层治理新格局。

"便民服务卡"让基层治理"零距离"。绳桂玲组织社区网格员建立推行"便民服务卡"工作机制，把群众工作"找上门"变成基层治理实效"送上门"。一张便民服务卡浓缩了社区服务"大民生"，提高为民服务效率和服务质量，为社区精细化治理赋能聚力，系统提升社区现代化治理水平，群众获得感、幸福感、安全感不断增强。

通过民主议事，解决了一大批关系到居民切身利益的重点难点问题。养犬问题是社区的一大难题，绳桂玲为促进社区邻里和谐，化解因养犬问题产生的矛盾，积极推动社区居民议事讨论，制定文明养犬方案等，目的是让更多人认识到依法、文明、科学养犬的重要性。她还督促社区居民依法办理相应的养犬证件，提醒居民不要随意携犬进出公共场所、外出必须系犬绳，逐步引导居民形成文明的养犬意识。

绳桂玲始终把居民放在心中最高位置，为群众办实事做好事、增福祉惠民生，不断创新社区治理手段，提升了社会治理科学化、智能化、精细化水平。作为一名基层社区党支部书记，绳桂玲把居民身边的每件小事做实，把每个细节做好，真正以"热心"换"心热"，融合各方资源，激发社区居民主体意识，共同打造共建、共治、共享的社区治理格局。

四、我们心中的文化现代化：
文明是现代化的标志

（一）歌比人长寿

来龙去脉

《中共中央关于坚持和完善中国特色社会主义制度、推进国家治理体系和治理能力现代化若干重大问题的决定》中指出："坚持以社会主义核心价值观引领文化建设制度……把社会主义核心价值观要求融入法治建设和社会治理，体现到国民教育、精神文明创建、文化产品创作生产全过程。"社会主义核心价值观，是我们推进文化现代化的总原则，是文艺创作者创作的依据和标准，一件优秀的文艺作品，必定是符合社会主义核心价值观要求的。

有这么一位文艺创作者，始终以社会主义核心价值观来指导自己的创作，坚持社会主义先进文化前进方向，创作了无数广泛传唱、感人肺腑的作品，被中宣部授予"时代楷模"的称号，并被选为"感动中国2015年度人物"。他，就是阎肃。

"铁马秋风，战地黄花，楼船夜雪，边关冷月，这是一个战士的风花雪月……一个兵，一条路，一颗心，一面旗。"这是"感动中国"组委会对一位艺坛老兵的颁奖辞。的确，阎肃的每一个故事，每一段人生，都是一篇激荡人心的精神史诗，感动中国，震撼人心。

如果说人生是有色彩的，那么"红"是阎肃一生最鲜亮的底色。从艺65载，他始终冲锋在主旋律文化第一线，用作品绣出了一面永不褪色的红旗。阎老爷子走了，留下1000多部（首）有筋骨、有道德、有温度的精品佳作。

生命读秒的最后时光

2015年9月4日凌晨，睡眼惺忪的阎宇摸起电话，还没放到耳边，听筒里就传来父亲阎肃浑厚的声音："《胜利与和平》成功了！老爸这次任务完成了！"

几小时前，当纪念中国人民抗日战争暨世界反法西斯战争胜利70周年文艺晚会《胜利与和平》的最后一个乐音戛然而止，欢呼声和掌声瞬间淹没了整个人民大会堂。一直等候在后台的晚会首席策划和首席顾问阎肃腾地一下从椅子上站起来，鼓掌叫好。近半年的呕心沥血，化作此刻辉煌。

"搞过上百台重大文艺演出了，咋还这么激动？"在阎宇看来，父亲有点可笑的孩子气。可他心里也暗自佩服，因为"老头儿这是真爱"。

有人说，阎肃就像一个拧紧了发条的钟表，从艺65年，每天都在转个不停。入院前10天，他还在担任"九三晚会"《胜利与和平》的首席策划和首席顾问。高强度的工作持续了近6个月，阎肃跟着"儿孙辈"的同行们一起熬夜、吃盒饭，有时实在太累，他就趁间隙拼几张椅子打个盹，"20分钟后又是一条好汉"。最忙那阵子，他每天都是凌晨1点多才回家。

"阎老在整体结构上谋篇布局、高屋建瓴，是个能出大主意、具有大智慧的艺术家。国家活动，他有令就到；军队活动，他随传随到。"中央军委政治工作部宣传局某位领导说，"为什么我们总请他策划？因为他的精神不老，点子创意不老。"文化部艺术司司长董伟说。

9月14日，"从来都不说累"的阎肃真的病倒了、住院了。9月29日，阎肃陷入昏迷，医生给阎肃做头颅检查，头颅检查的结果是，阎肃的脑干主动脉严重堵塞。脑干梗塞，一是通过开颅手术治疗，一是从大腿股动脉插管至脑部疏通。考虑到阎肃年事已高，只能采取药物保守治疗。

"爸，你这辈子还有没有什么遗憾？""没有，我一辈子听组织的，没有什么遗憾。"这是他在病重昏迷前，与儿子在医院的对话。在住进重症监护室前，他还对儿子说："不管我遇到什么情况，不准你们跟组织上提一点要求，我把这一生完全彻底地交给组织，组织上已经给予我的太多，我却回报太少。"

创作歌剧《江姐》的艺术家

阎肃的艺术成就是多方面的，包括歌曲、京剧、舞剧、晚会策划等艺术领域，但有人说他最突出的艺术成就还是在作为音乐戏剧的歌剧创作上。2011年，"中国戏剧终身成就奖"颁给了4个人，阎肃就是其中之一。这个奖项对他来说，是实至名归。

1962年，阎肃成功创作了独幕歌剧《刘四姐》，拿到300元稿费，他和同事们到北京"东来顺"吃了一顿涮羊肉。酒过三巡，众人把目光转向阎肃："咱今儿'吃'完了'刘四姐'，明儿呢？"阎肃被同伴一语逗乐："我刚看过《红岩》，里面有个'江姐'，排出来一定很有教育意义。"

想到就干！新婚燕尔，上级批了18天探亲假，他来到妻子所在的锦州部队，在9平方米的小屋内开始了创作。阎肃趴在炕桌上奋笔疾书，思如泉涌，整整18天，歌剧《江姐》的剧本一气呵成。

很快，剧本初稿送达时任空军司令员刘亚楼手中。刘亚楼当即要求："精雕细刻，一定要打响！"于是，阎肃怀揣剧本几下四川，多次采访小说《红岩》的作者罗广斌和杨益言，与江姐的原型江竹筠烈士的20多位亲属和战友谈得声泪俱下。用他的话说，一个弱女子，如此铮铮铁骨，立在舞台上岂能不感人！

1964年9月，大型民族歌剧《江姐》一经问世，就迅速火了。一年间演出286场，全国数百家文艺团体同时上演，观众无不热泪盈眶，拍手称道。

"粗线条"的老顽童原来是"新"人

"阎肃"这个名字人们都耳熟能详，可鲜为人知的是阎肃本名是阎志扬。阎肃习惯自称"阎老肃"。

在他看来，一个人心态要好，遇到事情不跟别人较劲，也不跟自己较劲，这样一切烦恼都是浮云。

作为文艺界"大人物"，阎肃从来没有架子。儿子阎宇回忆说，小时候他和爸爸一起从家出来，在院里不管是见到花匠、打水的，还是烧水的、扫地的，他都会主动上前打招呼，而且微微鞠躬说："您好！""小时候，我觉得他一点派都没有，特跌份儿。老爷子就这个'毛病'，不管认识不认识的，哪怕是自来熟，都能主动上前聊上半天，最后问他你认识人家吗，他摇摇头说不认识。"

阎肃名气越来越大，上门求歌的人也越来越多。曾有一家公司出价50万元请阎肃写一首歌。阎肃回绝："最近实在很忙。"商家说："50万元不够，您尽管加价。"阎肃摇摇头："真不是因为钱，真的没时间。"然而，基层官兵的请求，他从不推托。2002年，阎肃到一个航材仓库慰问，跟大伙儿越聊越热乎，官兵们拉着他的手，请他写首"库歌"。阎肃慨然应允。

阎肃的老同事、老朋友们每当说起他，谈及最多的就是"爱开玩笑""童心未泯"。阎肃的达观，反映在生活上，便是"粗线条"。他穿着上从不讲究，家里人给他买贵一些的衣服，他就放起来，舍不得穿。身边人说，阎老熟悉所有的曲牌、词牌，却不了解奢华的品牌，没有见他穿过、用过一件名牌。阎肃脱下戎装，一身布衣，就是一个诙谐风趣的老大爷。

"我每天看很多报纸、杂志，所以现在流行什么，我都知道。我很害怕自己被高速飞奔的时代列车甩出去，我不会拒绝接受新东西，如果不了解、不接受新事物，很快就会被时代遗忘的。"他对时下各种网络文化、流行文化现象都了然于胸，对时下最时髦的"囧""雷人"张口就来，他风趣地说："我也是'80后'啊！"

阎肃虽已高龄，但一直是个"新"人。他一方面是艺术创新，对新的艺术形式毫不排斥；另一方面对新知识、新生活永远保持着热情，包括学习互联网这样的新鲜事物，活到老学到老。他喜欢高科技，对现代的一些东西比如智能手机等都喜欢，还喜欢打电脑游戏。

在阎肃家的客厅中，有一面墙的壁柜里全是他获得的各种奖状、奖牌、奖杯和荣誉证书。这辈子得过的荣誉有多少，他自己也说不清。"得之坦然，失之淡然，遵其自然，争其必然。每个人在历史长河中，不管你活多大，在天地之间都是一个孩子，岁月你是挡不住的，生命规律不可抗衡，但你的心可以永远年轻。"

常有人问阎肃，为啥能创作出这么好的歌词？答曰："读万卷书，行万里路。我在创作上没有别的窍门，只有这八个字。"这位老文艺工作者，一直把它作为自己的座右铭，作为自己修身立德、学习创作的力量源泉。他说："一个人的财富不是金钱，而是阅历。'阅'即阅读，'历'即经历。"阎肃曾回忆，在文艺工作座谈会上，习近平总书记脱离稿子，说了很多书目。阎肃透着一点儿小骄傲："这些书我还都认真地读过。我读书不少，获益匪浅。但现在大家似乎不读书了，这需要改变。"

在阎宇眼里，父亲阎肃的大多数时间，都是坐在书桌前，要么在看书，要么在写东西，打小就没见过他干别的。要说父亲一直没有被淘汰，只能是得益于不断地学习。阎肃看书更杂，包罗万象。阎肃没有休息日，常常是一杯茶、一支烟，一本书看一天。书桌前凝神而专注的父亲，是阎宇心中最难忘的身影。

有人说，阎肃是学问的"杂货铺"。他则坚信一条，那就是"五谷杂粮"养人。阎肃说，他是个"吃什么都香"的人，楚辞、武侠小说、诗歌、戏剧，全都喜欢。"在全国没有几个人能和我一样，作协、音协、剧协、曲协、视协，我都是会员，一般人很少跨这么多协会。做电视做晚会，最需要这么一个人。我对一切事物都感兴趣，总想拥抱新的太阳，每天我总想往前再蹭一点，哪怕蹭得不多呢。"正因为博采众长、睿智有道，阎肃成了重量级文艺"大策划"。

改革开放以来所有重大主题晚会，建党、建军、建国、双拥、抗战胜利纪念，从来都少不了他的身影，不是策划，就是顾问，有人把他比作文艺界的"定海神针"，或称他为"晚会专家"，他也笑说自己成了"晚会专业户"。

大型音乐舞蹈史诗《复兴之路》编创时，阎肃已近80高龄，仍然担任文学部主任。全国观众最为关心的春晚，他曾参与策划了近30届，几乎每年除夕夜，阎肃都是在央视演播大厅度过的。

当阎肃患病住院后，他依然关心的是即将到来的春晚，因为他还是顾问；他最关心的是手头的创作、别人请他修改的作品，因为他认为这是艺术家的职责。

歌比人长寿，是一种追求，也是一种精神。阎肃做到了！

（资料来源：《中华儿女》杂志）

📖 事中有道

脚踏实地搞创作

世界上没有"速成"的艺术品，没有"捷径"的成功者。不管做什么，阎肃都脚踏实地、认认真真地完成。从艺之初，他做过的工作基本都是打杂，拉大幕、跑龙套、点气灯等，但他把每一项工作都当作事业去做，之后又服从组织安排，走上了创作之路。在几十年的创作中，阎肃走遍了祖国大地，积累大量素材，坚持为人民服务、为社会主义服务这个根本方向，深入生活，扎根群众，坚持使自己的创作更好地反映人民心声。

20世纪60年代，小说《红岩》在社会上反响很大。由于阎肃早年的个人经历，熟悉革命斗争历史、乡土人情和风俗习惯，在闭关18天后，《江姐》初稿完成。在对剧本精雕细刻过程中，为使《江姐》更贴近实际，阎肃和战友两下江南，三进川东，不仅采访了小说《红岩》的作者，更到重庆渣滓洞体验生活。"几度墨汁干，木凳欲坐穿。望水想川江，梦里登红岩。"反复打磨，不断排练，歌剧《江姐》在全国公演后，反响热烈，它艺术地谱写了"中国歌剧史上最经典的革命浪漫主义英雄史诗"。

新时代的文艺创作要戒掉浮躁顽疾，脚踏实地创作，沉下心来脚踏实地地深入生活、搜集素材、深入思考、精心创作。有质感的文艺作品都是经过文艺工作者潜心钻研、千锤百炼而创作出的。文艺工作者要有担当、有抱负、有责任感，具备与时代相契合的大气风范，甘于寂寞，眼光长远，在中华文明的灿烂星空之下绽放出属于当代文艺工作者的光芒。

读万卷书，行万里路

"业精于勤，荒于嬉；行成于思，毁于随。"文艺创作根本的力量源泉支撑不是什么流量、热点、套路，而是脚踏实地，扎根人民群众。阎肃广泛的阅读深深影响着他的创作，比如《西游记》的主题曲《敢问路在何方》中"敢问路在何方，路在脚下"这句词，就是从鲁迅《故乡》中"其实地上本没有路，走的人多了，也便成了路"化用而来。从古典诗词和戏剧中汲取知识，以更高视角创作了许多脍炙人口、经典流传的文艺作品。

再比如，在歌曲《雾里看花》创作过程中，透过电视中播放的川剧《金山寺》水漫金山的情节，考虑到法眼、天目的特殊性，使用了"慧眼"一词，最终形成了那句经典"借我借我一双慧眼吧，让我把这纷扰看得清清楚楚、明明白白、真真切切"。如果不是有心人，书没看够，不知道佛经里有天目、慧眼这些典故，就想不出这些词来，最终也很难有《雾里看花》这种非常有深度的文艺作品。

一首歌包含的真情实感和文化底蕴，很大程度上决定了这首歌能流传多久。一个人对事业的感情和态度，很大程度上决定着他的人生之路能够走多远。从读书识字起，阎肃就始终保持着对知识的好奇心，除了广泛的阅读外，他还积极地到祖国各地寻觅灵感，创作高质量的文艺作品。为了创作《雪域高原》，他亲自去西藏体验生活，扎根在部队，从火热的军营生活中获得艺术感知，饱含深情地创作出《我爱祖国的蓝天》等一系列深入一线，行之万里创作出来的优秀作品。此外，他还喜欢老舍的作品，并从其主人公的身上看到勤奋。"盛名之下无虚士"，勤奋的阎肃不仅在歌剧、歌曲创作上功底深厚，在改革开放以来所有的大型晚会上也是专家，是名副其实的"晚会专业户"，不仅身兼数职，还在每个领域都有所建树，这样的勤奋和见识是后人学习的榜样。

站在时代潮头纵情歌唱

几十年的辛勤耕耘，阎肃荣誉等身，但是他从来都不关心荣誉的多少，而在意自己还能够为这个时代奉献什么。他的一生在用一种歌唱和赞美的方式来爱党爱国，他是真正站在时代琴弦上的放歌者。真正的文艺，有引领时代、传播正能量的历史使命，给人以精神向上的力量，只有深入到人民的生活中，为人民演出、为人民放歌、反映人民的冷暖，才能弘扬时代的主旋律，才能更好地出精品。

自1953年入党以来，阎肃始终铁心跟党走。"国家的活动，我有令必到；军队的活动，我随叫随到。"这是他对这个国家和人民的忠诚誓言，他对不同时代涌现出的新鲜事都充满了体验和了解的兴趣，他以一种发自内心的激情，揣摩着生命中的细节。阎肃以79岁的高龄参加了国庆60周年大型音乐舞蹈史诗《复兴之路》创作，之后又担任《胜利与和平》文艺晚会核心创意成员，自1984年以来，100多场党和国家、军队重大文艺活动，他都参与策划、撰稿或担任艺术顾问。为了帮助年轻人尽快成长起来，连续十几年的春节晚会，他都把上节目的机会让给年轻人，自己的作品总是放在最后。一路走来，风雨再大也抵不过一往情深，最终成长为党的忠贞不渝的文艺战士。

文艺是时代前进的号角，文艺工作者是前进号角的吹奏者，决定着文艺的走向。文艺事业是党和人民的重要事业，文艺战线是党和人民的重要战线。以阎肃为代表的文艺工作者，用心用情用功抒写人民、描绘人民、歌唱人民，以开阔的视野和开放的襟怀，展现中华民族的文化自信，让文艺成为讲好中国故事、传播中国声音的重要窗口。

（二）一生择一事，根入莫高窟

🔲 来龙去脉

习近平总书记在党的二十大报告中强调："传承中华优秀传统文化，满足人民日益增长的精神文化需求，巩固全党全国各族人民团结奋斗的共同思想基础，不断提升国家文化软实力和中华文化影响力。"中华优秀传统文化，在新时代的中国应该得到发扬光大，应该得到大力保护和传承创新。因为文化的现代化不是文化的全盘西化，唯有民族的才是世界的。而要传承发扬中华优秀传统文化，首先就要对其进行保护，尤其是对其载体进行保护。有这么一位人物，扎根大漠戈壁几十年，始终以一颗高度责任心和热心，守护着莫高窟的文物壁画，为世人保存下来一份丰富的文化遗产。她，就是樊锦诗。

在敦煌研究院陈列中心的一面墙上，写着这样一句话："历史是脆弱的，因为她被写在了纸上，画在了墙上；历史又是坚强的，因为总有一批人愿意守护历史的真实，希望她永不磨灭。"几代莫高窟人以对敦煌文化艺术的热爱和敬仰之心，扎根大漠，在黄沙飞扬、无电无水、物资匮乏、交通不便、枯燥孤寂的条件下筚路蓝缕，开创了莫高窟保护和研究的基业。樊锦诗正是这样痴心的守护者。

樊锦诗，浙江杭州人，1938年7月出生于北平（今北京），中共党员，曾任敦煌研究院院长，现任敦煌研究院名誉院长。自1963年从北京大学毕业，她已在敦煌坚持工作50余年，主要致力于石窟考古、石窟科学保护和管理工作。作为我国文物保护领域国际合作的领军人物之一，樊锦诗被誉为"敦煌的女儿"。

樊锦诗曾获全国优秀共产党员、全国先进工作者、"感动中国2019年度人物"、"最美奋斗者"、何梁何利基金科学与技术成就奖等称号与荣誉。2018年12月18日，党中央、国务院授予樊锦诗"改革先锋"称号，颁授改革先锋奖章，并把她评为"文物有效保护的探索者"。2019年9月17日，中央授予樊锦诗"文物保护杰出贡献者"国家荣誉称号。

一见敦煌定终生

1962年，按照北京大学历史系考古学专业的惯例，作为毕业班的学生，樊锦诗可以选择到山西、洛阳、敦煌等地参加毕业实习。出于年少时期就对敦煌有着的憧憬与向往，为了实现自己的心愿，她义无反顾地选择了前往敦煌进行毕业实习。莫高窟似一座华美的圣殿，但当地食物紧缺，研究所的生活也十分窘迫，很多人只能打草籽充饥。这样的生活条件对于出生于北京、生长在上海、求学于北京大学的她来说，其艰苦程度是无法预料的。在这种生活环境下，樊锦诗在敦煌出现了严重水土不服、经常性失眠的情况。最终，因无法适应敦煌的气候，樊锦诗被迫提前离开。在石窟中看到的一切在她的心中埋下了一颗种子，提前离开的遗憾也为她后来接受任务，坚定前往敦煌埋下伏笔。

由于敦煌急需专业的考古人才，1963年，樊锦诗从北京大学毕业后被分配到千里之外的西部小城敦煌从事文物保护研究工作。虽然有之前实习时严重水土不服的经历，但在了解到敦煌的文物保护工作十分需要自己后，樊锦诗接受了这个分配并暗下决心：绝不中途折返。得知女儿的决定之后，樊锦诗的父亲对她说："既然是自己的选择，那就好好干。"工作后的一段时间里，她经常在黄昏时分去爬三危山，在这座山上可以望见整个莫高窟。樊锦诗凝视着充满神秘与沧桑的洞窟，仿佛与深渊对望。敦煌的天空也与北京的天空不太一样，蓝得更加纯粹、更加辽阔、更加浓烈，这也使樊锦诗萌生了定居在这里的想法。

锦瑟华年去，青丝变白发

樊锦诗被分配至敦煌时，她的恩师、北京大学教授宿白提出让她整理出一本莫高窟的考古报告。她在大漠深处一待就是50余年，为敦煌石窟的保护、研究和宣传事业奉献了一生的心血和精力。她理想中的莫高窟考古报告，不仅能让考古学家点头，也要使美术家满意；不仅符合科学性，也符合大众审美。她曾说过："好多事情就差一步，你迈不过去那一步，就到不了。"她交出答卷时已是近半个世纪之后。2011年,《莫高窟第266—275窟考古报告》完成,这是莫高窟考古报告的第一卷。根据计划,这样的报告一共要出100卷,工程十分浩大。

莫高窟自1979年正式向社会开放以来,游客人数逐年增加。大量游客进入洞窟参观,使洞窟内的温湿度波动剧烈,相对湿度和二氧化碳浓度增加,这对洞窟的长期保存和游客健康均十分不利。于是从2002年开始,樊锦诗积极推动敦煌研究院与美国盖蒂保护研究所合作开展了"莫高窟游客承载量研究"项目,测算出开放洞窟面积不能小于13平方米,洞窟湿度不能超过62%,二氧化碳含量不能超过15000ppm,每批进洞游客不能超过25人等一系列指标,兼顾壁画保护与游客舒适度。"如果有什么闪失,我这个守护人就成了罪人"。樊锦诗回忆世纪之交时,有关部门提出要将莫高窟与旅游公司捆绑上市的想法,她坚决拒绝了这一方案。在当时大力发展产业的情况下,洞窟保护与旅游开放必然会存在矛盾,每逢矛盾激发成事件,她都会为了保卫文物的健康而寸步不让。樊锦诗表示:"旅游部门对我有看法,认为老太婆就知道保护。我觉得必须正视矛盾,坚持在保护的前提下合理进行旅游开发。"

将敦煌永久留给后人

樊锦诗一直在思考,敦煌壁画这彩塑的辉煌如何才能永久留给后人,因为照片、磁带等保存方式终究会暗淡、消磁。直到20世纪80年代末,她前往北京出差,朋友带她去观看当时的计算机,说信息存在计算机里可以永远不变,这句话启发了她。她回忆道:"像现在年轻人说的一个词,我当时立刻'脑洞大开',马上产生了数字档案的念头。"她返回敦煌之后立刻向甘肃省科委报告了这一想法,并得到了科委负责人的支持。于是20世纪80年代末开始,敦煌开始使用了国内外合作开发的一套先进的数字化采集、图像拼接技术。例如莫高窟61窟的《五台山图》,由于其长13.6米、高3.8米,共40多平方米,所以一张照片无法拍出全貌。而用数字化技术可以把它拼接起来,还可以将局部放大,得到高清的效果。敦煌的数字化采集工作已经进行了20年,完成了200多个洞窟的数字化采集。樊锦诗通过数字化的技术将敦煌文化传向整个世界。如今的人们可以在网站上免费浏览30多个洞窟的高清影像。

爱上敦煌，其实不难

数字化产品加速了敦煌走进世界的步伐，不仅让民众获得身临其境般的感受和体验，更激发了不少年轻人探索古老敦煌文化艺术的热情。

敦煌艺术的入门其实不难。佛教，以宗教教义的形式呈现，比较虚幻抽象，而一旦转换成艺术，就会变得相对直观。樊锦诗建议，可以先从感兴趣的点开始。

汉武帝时张骞出使西域，打通了中国与欧亚大陆之间的中西交通。敦煌作为这条"古丝绸之路"的咽喉之地，既是东西方贸易的中转站，又是宗教、文化和知识的交汇处。莫高窟便是古代东西方文化在敦煌交融的璀璨结晶。

这里交融汇聚有各种元素，年轻人会找到他们认为最有趣的点。比如敦煌的菩萨像，就是外来元素与中国传统伦理和审美观在佛教造像中的集中反映，体现了汉文化与外传文化融汇中特有的"再创造"特质。西域盛行丰乳、细腰、肥臀、有明显性别特征的裸体菩萨。当众菩萨东入中国，受传统汉文化"含蓄为美"的影响，虽然仍有衣着暴露的，但已经在一个不太过分的程度之内，这正是体现了佛教外来艺术与中国传统汉文化、儒家思想的结合。

又如中唐158窟的卧佛，面形端庄秀丽，睡态安详舒展，整体比例协调，线条细致入微。樊锦诗曾说，"每当心里有苦闷与烦恼时，都忍不住想走进这间洞窟，佛陀泰然自若、恬静美好的神情，能让人瞬间忘却许多烦恼。有时候，甚至觉得佛陀在对自己讲话"。这种庄重温情之美，相信会直达很多人的心灵。

通过观赏壁画造像，年轻人可以窥见各个时代的社会风貌。

艺术源于生活。富丽堂皇的佛国世界、普度众生的诸天神佛，古代的画家们没有见过，除了发挥充分的想象力，更需要从现实社会中寻找元素、获得灵感。因此壁画中的场景也是画家当时所处时代风土人情的精华展示。例如唐代以胖为美，敦煌中唐代的菩萨像大多体态丰腴、姿态优美，面貌方额广颐，服饰珠光宝气，体现着盛唐特有的女性审美观。

对美的认识理解需要循序渐进。樊锦诗语重心长地说，年轻人不要着急，要先发现自己感兴趣的点，然后以点到面，成一个系统。比如敦煌的菩萨，通过系统了解学习后发现，最原始的为男身，结合汉文化后，他的形象经历了"非男非女""男身女相""女身男相"，直到完全女性化的转变。如果仔细认真了解敦煌，就会发现这里每一个洞窟都是一个美术馆。

谈到年轻人，樊锦诗说，敦煌就有这么一群年轻人，他们刚开始跟她一样，就是想去看看，慢慢地随着研究的开展，他们对敦煌的了解日渐加深，时间长了，就都不想走了。为什么？原因很简单，就是爱上了。这群人，在敦煌儿女们陆续老去时，仍然用激情延续着敦煌那历经沧桑的青春。任时光匆匆流逝，这种青春却永不褪色。

相守莫高窟，我心归处是敦煌

樊锦诗曾在自传《我心归处是敦煌——樊锦诗自述》中写道："此生命定，我就是莫高窟的守护者。"她为了这份守护，顶住各方压力；她为了这份守护，与丈夫彭金章两地分居19年；丈夫为了她这份守护，放弃自己的事业跟随她定居敦煌。他们相识未名湖，相爱珞珈山，最终相守莫高窟。曾有不少人问她，在敦煌待得住吗？她都会用质朴纯真的语言回答："人都快忙死了，忙得一塌糊涂……至于什么待住待不住，肯定是待住了，而且还安下心来静静地做这个工作。"

"舍半生，给茫茫大漠。从未名湖到莫高窟，守住前辈的火，开辟明天的路。半个世纪的风沙，不是谁都经得起吹打。一腔爱，一洞画，一场文化苦旅，从青春到白发。心归处，是敦煌。"

在2019年的感动中国人物颁奖典礼上，当主持人念起这段颁奖词，81岁高龄的樊锦诗在众人的掌声和注目中缓缓走上舞台，讲述自己41年致力保护敦煌的漫长岁月。"出生在北京，上海长大，北大求学，到敦煌工作"。这是樊锦诗81岁生命最简单的概括，但是简单的背后却是无数个日夜的艰苦付出。

2019年，中华人民共和国成立70周年之际，樊锦诗用娟秀的小楷写下给北京大学2019级新生们的亲笔信，用温厚的声音读响信里情深意切的字字句句，号召青年学生"努力使自己成为国家需要的人才"，鼓励大家"用学到的知识，报效祖国、建设祖国"。樊锦诗用她的坚守，也为我们当代青年上了一堂关于人生选择和家国命运的课。

（资料来源：莫高窟参观预约网，中国网）

📖 事中有道

保护：思路瑰宝，熠熠生辉

在大漠深处鸣沙山的断崖壁上，莫高窟奇迹般地存在了千年。1987年，莫高窟被列为世界文化遗产。敦煌，位于甘肃河西走廊西端，作为古代丝绸之路的重镇，不仅是中西方贸易的中转站，也是多元文明的交汇处。敦煌记录的不仅是与宗教相关的艺术，还折射出跨越千年的中国古代美术变迁，是勾勒社会生活图景的百科全书。

自被发现以来，敦煌莫高窟一直受到自然环境破坏和洞窟本体老化的"双重威胁"。在自然方面，莫高窟地处戈壁沙漠边缘，千百年来长期受到风沙的威胁，稍有风吹，莫高窟崖顶鸣沙山就有流沙从崖顶飞泻而下，季节性降雨时，雨水通过崖体裂隙渗入岩层，壁画出现空鼓、起甲、疱疹、酥碱、霉变等病害。在人为方面，过量游客的参观，给本是空间狭小、材质脆弱的洞窟带来窟内微环境的剧烈变化。这些都打破了文物保护所需要保持的稳定环境，加重了壁画和彩塑已有的病害，使这座旷世艺术宝库日益老化。在樊锦诗的努力下，经过20多年的治沙工程建设，形成了防沙障阻沙、植物固沙、砾石压沙、草方格治沙的综合防治措施，建立了集气象监测、微环境监测、本体监测、崖体监测、游客监测和安防监测的预防性保护体系，把肆虐千年的黄沙，远远地阻挡在莫高窟的山后。但是如何兼顾旅游和保护文物也是令樊锦诗寝食难安的事。

莫高窟的老化趋势，只能延缓，而不能够逆转。几十年来对于敦煌保护利用的任何措施都不是随便拍脑袋想出来的，樊锦诗都经过了调查、评估、论证等一系列过程，从抢救性保护到与预防性保护并重，积极实施"预防性"的主动保护方式，敦煌人一代接续一代，坚守与付出，聚沙成塔，但是从未停下"创新"的步伐。敦煌研究院在保护好文物的前提下，科学合理地为旅游开放创造条件，建立了莫高窟监测和风险预控体系，在所有的开放洞窟都安装了传感器，现代先进科技手段和仪器发挥出越来越重要的作用。

传承：择一事，终一生

敦煌艺术的价值需要有人了解和传承。樊锦诗视敦煌石窟的安危如生命，扎根大漠，潜心石窟考古研究，运用考古类型学方法，完成了敦煌莫高窟北朝、隋、唐代前期和中期洞窟的分期断代，揭示各个时期洞窟发展演变规律和时代特征，为敦煌石窟研究奠定了坚实基础，得到国内外学术界采纳。

敦煌的美具有超越时空、经久不衰的美丽，如何拂开千年的尘嚣，解开神秘的面纱，保护敦煌、读懂敦煌成为樊锦诗心中的诗和远方。作为古丝绸之路的支撑点，敦煌文化代表着中国古代文明的盛大与辉煌，浓缩着世界四大文明的交流与融合，既是数千年华夏文明的宝贵资源库，也是新时期建设精神家园的博大"基因库"，是南亚、中亚、西亚和中原文化的汇聚，因此被誉为"世界的敦煌""人类的敦煌"，历经时代更迭而不衰。把莫高窟保护好，把敦煌文化传承好，是中华民族为世界文明进步应负的责任。

敦煌研究院与国内外的高等院校、科研院所持续多年开展合作，共同对莫高窟的保护、传承和管理进行了探索研究，吸收了国内外的先进保护理念和成功管理经验，学习了先进的保护方法和工艺，使古代壁画保护在国内居于领先地位，并逐渐与国际接轨。2010年在巴西召开的世界遗产委员会第34届会议，形成的大会文件附件文本指出："莫高窟以非凡的远见，展示了有效的遗产地旅游管理方法，以保护遗产地的价值，树立了一个极具意义的典范形象。"

创新：数字敦煌，永续华光

樊锦诗坚持改革创新，带领团队致力世界文化遗产保护传承，积极开展文物国际交流合作，引进先进保护理念和保护技术，构建"数字敦煌"，开创了敦煌莫高窟开放管理新模式，有效地缓解了文物保护与旅游开放的矛盾。在全国率先开展文物保护专项法规和保护规划建设，探索形成石窟科学保护的理论与方法，为世界文化遗产敦煌莫高窟文物和大遗址保护传承与利用作出突出贡献。

建设数字敦煌，是一项极其复杂和浩大的科技工程。莫高窟号称"千佛洞"，又名"东方卢浮宫"，洞窟环境非常复杂，洞窟里面光线阴暗，一般的照相机和摄影对于拍摄窟顶、塑像、佛龛都无能为力；拍摄时，每个洞窟都要拍摄数万张图片，然后再拼接成大图。在樊锦诗的带领下，敦煌研究院率先建设"数字敦煌"档案，为敦煌石窟的每一个洞窟、每一幅壁画、每一尊彩塑都建立一个数字档案，实现了敦煌石窟文物数字化永久保存和永续利用，解决了旅游开放和文化遗产保护的两难问题。敦煌研究院是全国乃至世界上最大的石窟寺保护科研机构，为其他文化遗产地探索出一套完善的科学保护体系，取得了良好的社会效益，也正在向"一带一路"沿线国家推广。

敦煌研究院还通过"数字敦煌"使莫高窟文化艺术走出洞窟、走出敦煌、走出甘肃、走出国门，多次在国内外举办敦煌艺术展览、敦煌壁画艺术精品高校公益巡展，走近大众。通过运用新媒体平台讲好"敦煌故事"，让辉煌灿烂的中华优秀传统文化的世界影响力越来越大，积极推动敦煌文化研究服务共建"一带一路"。

（三）故事沟通世界

来龙去脉

社会主义文艺是人民的文艺，必须坚持以人民为中心的创作导向，在深入生活、扎根人民中进行无愧于时代的文艺创造。推进国际传播能力建设，讲好中国故事，展现真实、立体、全面的中国，提高国家文化软实力。文艺创作，必须以人为本，以人民为中心，让老百姓看得懂、看得进去。社会主义现代化，包含着文化的现代化，而文化的现代化也以国际的文化交流为显著特征。中国文艺作品的现代化就是必须以人民为中心，写出彰显中国当代风采的故事，向世界展示中国的形象。

有这么一位作家，写出的故事获得了国际认可，被翻译成40多种语言，并于2012年成为首位获得诺贝尔文学奖的中国人。他，就是写出了《蛙》《天堂蒜薹之歌》《生死疲劳》等小说的莫言。

莫言于2017年北京国际图书博览会上与来自30个国家的汉学家进行对话，探讨了有关文学创作和翻译传播的很多话题，展现了中国作家如何通过生动的笔触向世界讲好中国故事。

新的创作素材

莫言：大家好！很高兴在这里跟大家见面，做一个面对面交流。昨天这个时候我还在老家高密，傍晚就到了北京。记得当年我要从高密回到北京，需要十几个小时，现在只要四个小时，明年据说只要三个小时了。中国发展得很快，社会也发生了很大的变化，而我们作家，作为一个生活的艺术反映者，毫无疑问，也会受到社会快速变化的影响。这次我在我的故乡写了几篇短篇小说，最长的一篇一万多字，其他的大都是五六千字。大家很快就会在《人民文学》《收获》杂志上看到。这是我最近五年来第一次比较集中地发表作品。这次重新拿起笔来写小说，感觉到有很多非常新的想法。有一个比较的视角始终存在，因为生活变化了、人变化了，过去我作品里面描写的很多人物形象已经退出了历史舞台，而一批年轻人、一批具有时代感的年轻的人物形象，出现在乡村、城市以及各个领域的舞台上，这给我们作家的创作提供了非常宝贵的、丰富的、多样性的创作资源。

白罗米：您好，我是来自罗马尼亚的白罗米。我的问题是，我从去年开始选择翻译您的短篇小说，很多很多，有十几篇，当编辑让我选择时，我觉得太多太多，很难选择，怎么才能选择最有代表性的？有1980年代写的，有1990年代写的。我知道莫言老师非常重视"变化"这个概念，不仅是人的变化，还有整个社会、整个世界的变化。刚开始写文学作品，包括之前的短篇小说和以后写的短篇小说，您觉得最明显的变化是什么？您的兴趣集中在哪些方面？

莫言：我最早的短篇小说，多数都以个人的经历为素材，比如我亲身经历过的一件事情，里边有自己的影子，里边也有自己亲人的事迹，后来写得越来越多了，个人所经历的故事都写完之后，就需要作家开阔自己的视野，培养自己将别人的故事变成自己的故事的能力。而一旦具备了这种能力后，这个时候听到的故事，从报刊上看到的故事，甚至在出国旅游访问时所观察到的一些现象，都可以变成小说的，尤其是短篇小说的素材。一个作家要不断写作下去，最早所使用的资源肯定是跟个人经验有关，但是个人经验很快就会被耗尽，耗尽以后就需要作家不断地开阔生活面，以更加包容的眼光来看待各种各样的人和事，从而使自己的创作呈现出更加丰富多彩的现象。所以我想，我早期作品和后来作品的区别可能就在这个地方。早期可能从作品里找到一个小男孩儿，那就是我或者是我的影子。后来我的很多小说里面就没有这个男孩的形象了。

李雅格：我是来自以色列的李雅格。以前曾经翻译过莫言老师的《蛙》，这是我翻译的第一本书，是直接从英文翻译的。后面还有三本书，也已经出版了，但是这三本书也都是从英文翻译出版的。有一个现在想到的问题，就是有关《蛙》这本小说中的一个很重要的人物"小跑"。我就想问您，小跑在哪个程度可以说他代表了您的生活经验？

莫言：百分之十吧。《蛙》这个小说，是这样的，最重要的人物是"姑姑"。她是一个妇科医生。这个妇科医生真的是根据我的一个姑姑的形象而来的，但是即便是这样有原型的人物，到了小说里也发生了很大的变化，尤其是她作为主要人物的家庭背景，都作了彻底的改动。我想，小说和作家本人的生活，其实关系很微妙的。有时候因为一个很小的细节而启发了灵感，由此产生了一部有影响力的作品。而在写作的过程当中，作家就要千方百计地尽量避免跟生活中的真人发生一些重合，否则可能会带来很多麻烦，所以原来我起小说人物的名字的时候，就运用生活当中的这个真实人物的谐音，比如"王帆"可能会改成"汪帆"，加个三点水。后面这样的改动，还是挡不住人家来对号入座，所以现在我改得就非常远，本来他姓王，我一下子让他改姓马，或者给他起一个外国名字，叫摩西或者约翰，这就很难对上号了。所以我想，这个从文本出发就可以了，不要过多地去猜测小说中人物与作家的关系。你也是那种虽然不问，但还是克服了问题的优秀翻译家。我也希望你以后直接跟我联系。

从短篇小说到长篇小说

顾彬：莫言一开始发表他的短篇小说，我觉得当时写的作品代表他的才能，是现代文学，但是到了1980年代末1990年代初，好像他的小说发生了很大变化，就我看来，从我的标准、从德国文学评论来看，好像莫言开始退步，他不再写某种文学书，他在写一种感受，从我的标准看。我一直在研究，为什么会有这种变化，这种从短篇小说到特别长的长篇小说。

莫言：顾彬先生是我1987年跟着中国作家代表团访问德国时认识的，30年了。当时在波恩大学也参加了他组织的讨论活动，后来也有联系，会经常在会议上遇到。他对我的小说的批评，我一直很关注。我认为任何一个读者都可以是一个评论家，都可以有看法。任何一个专职的批评家，当然更有资格对一个作家的作品发表他自己独到的见解。这是非常好的事情。关于我的《透明的红萝卜》这部小说，实际上与顾彬先生持有相同观点的中国评论家也有很多，包括很多作家，如清华大学教授、作家格非先生就说"莫言最好的小说是《透明的红萝卜》"。今年3月份我跟当年军艺上学时的老师一起座谈的时候，他也说，在很长一段时间里，别人问莫言什么小说最好，他也说《透明的红萝卜》，但他说他后来改变了这个说法，因为他没有读我后来写的很多作品。《透明的红萝卜》是一部中篇小说，中文有三万多字，是我的成名作。当然在这之前我也发表过一些中短篇小说，但是这部小说的影响力特别大。大家都喜欢这部小说里面的"小黑孩"，也喜欢那种所谓的"天籁之音"。这是在一个作家还没有掌握太多写作技巧情况下一种朴素的、感性的、直观的一种写作，所以这部作品确实具有不可替代的一些质感或者美感。顾彬先生认为那个时期我的小说最好，我认为他的看法可以坚持。至于后来为什么小说越写越长，这一方面是一个作家在写作过程中感受到比较短的篇幅已经不能满足他叙事的强烈愿望。他感受到故事很大，故事里边涉及的人物很多，如果只有两三万字、五六万字的篇幅，故事没有讲完就要结束，所以他希望能够把这个故事讲得充分、讲得圆满，让每一个人物都在这个小说里面，比较充分地展示，这样小说的篇幅就越写越长。当然，有没有这种高手作家，可以用极短的篇幅来讲述一个庞大故事，表现一个漫长的历史过程，塑造众多的人物形象？我想这样的作家应该有，但是这样的小说我目前看到的确实比较少。因为不管怎么说，小说对作家来说，确实存在一种物质性的容量。它的长度也是它的容量。长度太短的话，不能把作家想要说的话全部说完。我想这就是后来我的小说越写越长的一个原因。另外一个方面，就是中国作家好像有一种不约而同的共识，就是认为一个作家先从短篇入手，然后写中篇，就是大概三万字以上到六七万字之间这样一个长度，然后就写长篇，好像是一个不断学习的过程。先短篇，比较好把握，再中篇，又进一步，再写长篇，比较能够控制，所以很多作家都不约而同地按照这么一个创作的轨迹在发展。写长篇是否就是保守呢？我后来的以长篇为代表的作品是否就不是现代的文学而是保守的文学呢？我不同意这个看法，但是顾彬先生完全可以坚持他的这个观点。因为我觉得一部小说的保守与否跟长度没有关系。我想顾彬先生这个结论一定是建立在对我的作品充分阅读的基础之上的，但是我作为一个作者，我觉得小说里的人物具有多义性，就像我们中国最有名的《红楼梦》这部古典名著，一万个读者读《红楼梦》，对里面人物的看法起码有五千种，甚至还要多。贾宝玉到底是个什么人呢？每个人都会有自己的判断。有人也许说，贾宝玉是一个时代的觉醒者，是一个最有现代感的人物。当然，也有人会认为，这个人表面上看起来离经叛道，但骨子里还是很保守的。所以我想，关于一部小说，关于一个作家，每个人都可以发表自己的看法。作家应该认真聆听来自各个方面的批评意见。当然，也不是说你批评我，我要完全接受。不同意的话，我也可以反批评。我可以说我不同意你这个观点，但是你尽可以坚持你的看法。我们可以争论、探讨。也许我的说服会让你改变你的部分看法，也许你的坚持会让我赞同你的部分看法。这是一种非常好的、非常正常的文学阅读中的现象，要坚持下去。

作家的责任

吴漠汀：我是来自德国的汉学家吴漠汀。德国民众会通过中国作家的作品来了解中国。我想问一下，您是不是也意识到了这是一种责任？而且全世界很多人都通过您的作品了解中国，您有时候在创作的时候，有没有感受到作家的一种责任？

莫言：好，谢谢。我曾经说过，在写作的时候，最好忘掉读者。当然这并不是说我对读者是轻视或者是瞧不起。读者成千上万，每个读者心目中的好小说都是不一样的，甚至是截然不一样的。一个作家如果在写作的过程中，过多地考虑去适应读者的口味，那么他就不会写作了，无所适从了。我在写的时候，更不会去考虑外国读者。因为作为一个中国作家，1980年代开始写作的时候，要考虑也是先考虑中国读者。当然，你刚才说的所谓忧虑、担忧、责任，是存在的。因为不管怎么说，我是一个诺贝尔文学奖的获得者，读者对我的期望是很高的，希望我在获奖之后还能写出好的作品，甚至是更好的作品来。这对作家本身就形成一种压力。我怎么样能保证现在写的小说比我以前的作品更好呢？这个是很难把握的。如果过去我认为一部小说写得差不多了，就直接拿去出版，现在可能会再修改一遍，再修改一遍，再放放，再放放，希望能够让错误少一点，起码让自己感受到差不多了，让自己觉得满意了才拿出来。这种压力是存在的。当然这也不是说我为了让外国的读者从我的小说里读到让他们满意的东西，我觉得还是自己对自己的一种要求，是我自己对小说艺术追求完美的一种愿望。我希望能够写出比我过去小说在艺术上更加完美的小说。当然，这个问题也涉及我为什么还要写作，这也是对小说艺术追求的一种病态般的热爱。我就喜欢写，我就希望写出一篇让我非常得意的作品。这样一种满足，是其他任何荣誉都无法刺激的。

（资料来源：《上海文学》）

事中有道

讲好中国发展故事

随着中国的快速发展，特别是随着中国特色社会主义进入新时代，我国日益走近世界舞台中央，不断为人类作出更大贡献，与世界的关系发生了深刻的历史性变化，这要求我们必须高度重视国际传播问题，让国际社会更好认识中国。故事能在讲述者和受众之间迅速建立情感上的联系，产生思想上的共鸣，是中国连接世界的重要纽带。

故事既是国家历史与人民生活的积淀，又是民族精神与时代理念的浓缩。中国故事的题材千千万万，中国故事的元素林林总总，讲好中国故事，根本上就是要让世界全面认识中国，同时为世界经济社会发展提供"中国智慧"和"中国方案"。我们讲中国故事，就是基于中国经济的持续健康发展、综合国力和国际影响力的不断提升、中国特色社会主义实践取得的伟大成就，回应国际社会对中国发展及其背后文化的浓厚兴趣。中国作为世界和平的建设者、全球发展的贡献者、国际秩序的维护者等一系列良好形象，都为讲好中国故事提供了可能，即有故事可讲，有故事要讲，有故事应该讲，有故事值得讲。

讲好中国故事是新时代赋予我们的责任。国际社会对中国的发展认识存在差异，有各种各样的声音，其中仍然存在不少对中国的片面认知和误解，特别是西方国家对中国仍然存在偏见，这对我们讲好中国故事提出了新的迫切要求。讲好中国故事，就是要我们讲清中国的历史传统、基本国情、制度优势、人民意愿和发展进步，用西方听得懂的语言去阐释、传播，存异求同、点滴浸润。

讲好中国文化故事

讲好中国故事，提升中国文化的传播力、凝聚力、影响力，是彰显我国文化软实力的重要方向，也是建设文化强国的重要课题。把握中国文化的独特之处，以中国意蕴促进中西方文化之间的交流和理解，以中国元素呈现中国形象，为中国故事填充血肉，让传播富有人情味、接地气，进而在国际舆论场中构建中国话语体系，将对外传播由文化辐射到方方面面。

中国作为文明古国，对世界文化发展有过巨大的贡献和影响，但作为当今世界的经济大国，当代文化的影响力与当代中国的发展和地位仍然存在差距。中华优秀传统文化是我们最深厚的文化软实力，也是中国特色社会主义植根的文化沃土。中华优秀传统文化，为中国故事提供了精神内核。向世界讲好中国故事，必须讲好博大精深的中华文化故事。讲好中国故事，应精选能代表中国形象、传递中国理念的"人"与"事"，使其成为世界了解中国的风景点。

当下中国，我们有能力，也应该去努力创造出植根于中华文化立场、充满新时代文化自信的优秀现实题材作品。文艺工作者应该用精益求精的文艺作品反映新时代，描绘新时代的精神图谱，把中国文化艺术的美丽和自信传播给世界。新时代文艺要讲好中国故事，挖掘中国故事的精神内涵，依靠中国符号，如中国语言、中国饮食、中国服饰等，传递中国精神要素，如中国情感、中国品格、中国思维等。比如，通过影视剧、小说等讲好中国故事，就是一种推动中国文化"走出去"、扩大中国文化影响力的重要手段。

做新时代的追梦人

故事被读懂，根本在于人心相通。文化有交互和共鸣，才可能有效传递信息、传递价值。讲好中国故事，不仅要充分展示中国历史底蕴深厚，也要展示中国日新月异的变化，改革开放、脱贫攻坚的伟大成就，展示中国各民族多元一体，发展繁荣的新篇章。

讲好中国故事不能到西方的理论框架中去讲，而要在突破多元文化的藩篱下，增进大家对中国故事内涵的理解。讲好中国故事，需要在世界各地不同的语境中有较强的对话能力，要对中国的故事有非常深刻的理解，打通历史与现代、中国与西方的隔阂。讲好中国故事还要充分利用多种现代化媒介，积极拓展对外传播平台和载体，增强中国故事的传播力和中国声音的穿透力，让中国故事和中国声音在世界任何一个角落都能听得到、听得清。同时，还要深耕传统文化沟通和交流的方式，跟上时代发展要求，创新交流方式，如视频平台、文艺作品等交流互动的传播媒介将真实的中国故事传递到世界各地，让更多人了解中国、认识中国。

此外，凭借着文化非遗、美景美食、功夫绝技等一系列带有中国特色和意蕴的短视频，受到世界各地越来越多人的喜欢，成为国内外文化交流的全新模式，让更多国外朋友在"见微知著"中发现中国、爱上中国。讲好中国故事就要自觉把人生理想、家庭幸福融入国家富强、民族复兴的伟业之中，做新时代的追梦人。

（四）以爱之名伴学子成长

🔲 来龙去脉

习近平总书记在党的二十大报告中指出："加强理想信念教育，引导全党牢记党的宗旨，解决好世界观、人生观、价值观这个总开关问题，自觉做共产主义远大理想和中国特色社会主义共同理想的坚定信仰者和忠实实践者。坚持学思用贯通、知信行统一，把新时代中国特色社会主义思想转化为坚定理想、锤炼党性和指导实践、推动工作的强大力量。"文化的现代化，其中一个重要方面是全民思想道德水平的提升和理想信念的坚定。要提升全民思想道德水平和树立坚定的理想信念，必须从学生时代抓起。正如习近平总书记在学校思想政治理论课教师座谈会上强调，"青少年阶段是人生的'拔节孕穗期'，这一时期心智逐渐健全，思维进入最活跃状态，最需要精心引导和栽培。"然而，青少年的世界观、价值观、人生观还没有牢固树立起来，容易受到干扰和不良引导，必须要有正确的引导，而其中发挥较大引导作用的，就是思想政治理论课教师。

思想政治理论课是落实立德树人根本任务的关键课程。办好思想政治理论课关键在教师，关键在发挥教师的积极性、主动性、创造性。思政课教师，要给学生心灵埋下真善美的种子，引导学生扣好人生第一粒扣子，用爱和真心，呵护学生成长。

在上海交通大学，就有这么一位践行习近平总书记要求的思政课老师，她曾被评为全国优秀教师、全国高校思想政治理论课优秀教师、全国高校首届思想政治理论课教师年度影响力标兵人物、上海市基层理论宣讲先进个人、"上海市首届思政课超级大课堂"优秀团队（领衔人）。她就是上海交通大学马克思主义学院教授——施索华。

早在2008年初，上海交通大学的每位新生都获得了来自施索华老师的一个承诺——"51863344（我要帮侬生生世世）"。时至今日，许多学生拨通了这条24小时热线，还有更多的人通过面谈、电子邮件、网络留言、手机短信等方式，得到了来自施索华的热心帮助。

"我的生活就是一个大课堂"

施索华教的课程是"思想道德修养与法律基础"，这样一个"冷门"课程硬是被她教成了热门课，想选修的同学都会经历一场"抢课大战"。

施索华的课堂没有空洞的理论、陈旧的套话。讲解理论，她更愿意从学生身边的小事入手；谈及理想，她更愿意听听学生的业余爱好；讲到大局，她总会先问问学生的烦恼。然而，就是这样一个总是从小处着眼的老师，却在潜移默化中影响着学生的道德修养和政治素养。

施索华有自己的想法："《论语·为政》篇中讲，有人问孔子'你为什么不参与政治呢？'孔子说，《尚书》上说'孝就是孝敬父母，友爱兄弟'。推广到政治上，这就是政治啊。大学生思想政治课也是一样的，不要空洞地说教，要脚踏实地地践行。只有小事情做好了，才不会有大事情发生啊。"

天气冷了，施索华在课堂上请学生给父母发送一条短信："天冷加衣。"一语未毕，已有学生红了眼圈。学生恋爱了，施索华在课堂上半开玩笑半认真地教他写"高段位情书"，字句之间，让学生领会感情不只是一时冲动，更需要负责任的态度。

2008年2月，上海市科教党委、上海市教委设立施索华工作室，并开通24小时热线"51863344"，随时预备为学生提供帮助。

"和学生面对面地接触交流，可以第一时间了解他们的所想所思，对教学很有帮助。而且，工作室还会组织大学生社会实践，打通第一课堂与第二课堂的关系。"在这样的工作机制下，施索华自己的生活变成了一个大课堂，她随时待命，因为不知道在什么时候，就会有学生需要她的帮助。

"选到施老师的课，好幸运"

"大二上学期同宿舍4号铺的同学向我推荐施索华老师的课，大三上学期我向1号铺推荐，大三下学期1号铺又向他朋友推荐……没有上过施索华老师的课似乎总有些遗憾。"

不同于人们印象中的"枯燥乏味"，施索华在课堂上简直是"妙语连珠"。在学生自己整理的"交大百科"里，有刷新了无数次的"施索华语录"："女性的独立意识要体现在经济上独立、人格上独立，生活上自理；他要离开你，你只需轻轻地说一句：'慢走，不送！'""人性的完善是信仰、求知和仁爱，人格的完美是可敬、可亲和可爱；漂亮固然好，内涵更重要；人生百年如一瞬，漂亮只是零点几瞬吧。"……

听完课以后对思政课"路人转粉"的学生不在少数。"我走过最有趣的路，就是施老师的'反套路'。"学生艾鹏亚开玩笑地说，她一开始选这门课完全是出于从众心理，第一次上课只是坐在后排，想着把这门课当作"自习课"，没想到听了一节课后从此就爱上了思政课："施老师讲了很多中国古典文化和思想道德相结合的东西，我越听越觉得有意思，所以那节课上不但没有开小差，还觉得听45分钟根本不够，想让施老师再多讲一会儿。"

亲其师，方能信其道

"水至清则无鱼，人至察则无徒""精神内守""君子不器"……古代典籍中的语句常常出现在施索华给学生的回信中，她的课堂则被学生称为"文学和艺术的芳草地"。施索华小时候的愿望是当作家，却最终成为了一名思政课教师，于是，她像文学创作一样去写教案，像编剧一样去演绎教学过程。她相信"文以载道""以文化人"是最好的教育方法。施索华的课堂内容是丰富的，从礼仪知识到人生智慧，从医学到心理学……因为她知道，没有庞大的知识储备，就很难和各个专业的学生进行深入交流。

施索华不是一个依靠"网络流行语"拉近与学生距离的老师，她依靠的是亘古不变的真情："不管社会怎样变化，人的内心深处还是有一块柔软的地方，比如友情，比如亲情，比如爱情。触摸到这块柔软的地方，是可以打动人的，我在讲'大学生要学会感恩父母'时，情到深处，许多女同学都哭了，有些男同学眼睛也红了。"

年轻时，施索华把自己当作学生的姐姐，现在她觉得自己更像母亲了。"一年级新生挥之不去的情愫就是对家庭、对父母的思念，需要有个像妈妈一样的老师给他关心和呵护。"曾有个男生来到施索华工作室，可并不说话，问他怎么了，只说"来看看"，却也不走。施索华并不勉强他，默默地做着自己的工作，她大致猜到，这个倔强内敛的孩子想家了。果然，过了一会儿，男生主动吐露了自己的思乡之情。

学生"亲其师"，才会"信其道"。作为学生亲近、信赖的老师，施索华的关怀与奉献感染了许许多多的人。

最受学生欢迎的老师

施索华的热心与"能量"，是上海交通大学尽人皆知的。一次，有位家长因孩子想退学而在学校食堂苦闷地坐了一整天。食堂服务员得知后，立刻举荐施索华："去找施老师嘛！"通过和家长、孩子的交流，施索华最终使孩子打消了退学的念头。

来找施索华倾诉的人越来越多，她愈加忙碌了。好在，她没有后顾之忧："我先生和女儿都理解和支持我的工作。20多年了，我感动了许多人，自然也会感动离我最近的人。"

可是，过于疲劳的身体还是提出了抗议。2014年3月20日，施索华在工作室网站上发布了一则公告："同学们好！我是施索华老师，我的身体出状况了，右眼忽然看不见，正在看专家门诊，是视网膜中央静脉堵塞，视网膜的病变是常见病，不要紧。我的左眼还是好的，不影响上课，只是不能和同学们在网上交流了，同学有问题请拨打施老师热线电话：51863344，施老师愿意倾听你的心声。祝好！阳光不锈，明日晴天！"一百多字的公告里，有宽慰，有叮嘱，有承诺，施索华的乐观与真诚，从字里行间流淌到了学生心田。

原以为施索华可以借机休养一阵，可是仅仅一个月以后，4月24日，她便连发两则给学生的回信，恢复了与学生的网上交流。

施索华说，大学生思想道德教育是她挖了20多年的一口井，挖出来的是学生的认可和欢迎，让她用其他的东西去换学生对她的爱，她不换。

在当前的社会背景下，思政课教师有时候会遇到一些误解。面对不同的声音，施索华很坦然："我把'政治'这把人人都需要的盐放在了生活和文化这碗汤里。能得到学生的认可，我就知足了。"

（资料来源：上海交通大学新闻网）

事中有道

心系学生，共同成长

精耕细作于三尺讲台，用爱心陪伴学生成长，是思政课教师施索华一直以来的信念，"传道者自己首先要明道、信道"。施索华主讲的《思想道德修养与法律基础》本来是一门冷门课程，却一直被学生作为心中的一门热门课程。在课堂上，她总能把"大道理"讲到学生心坎里，浇花浇根，育人修心，让学生感同身受，让思政课的"理"入脑入心。

施索华真正俯下身沉下心参与社会实践，从而充分了解党情、国情、社情和民情，讲述自己的所见所闻、所感所悟，把理论讲得有温度、有深度，把问题讲明白、讲清楚，让学生对思政课的教学内容真信、真学，是一位真正肩负起学生健康成长成才责任的指导者和引路人。她时时刻刻引导学生成为有大爱、大德、大情怀的人，用实际行动培养更多堪当民族复兴大任的时代新人。

新时代的年轻人学习能力和逻辑思维能力强，对陌生事物有好奇心，对新事物的接受能力强。施索华作为一名思政课教师，要站在学生立场理解学生、关心学生，让学生切实感受到科学系统的思维方法对理解问题、探索未知的重要性，引导学生深刻关注"中国之问""世界之问""时代之问""人民之问"。

在理想信念上，施索华支持学生将自身对祖国未来发展的美好憧憬，融入国家前途命运，引导青年牢记"国之大者"。根据当代青年朝气蓬勃的特点，走进学生心灵，"亲其师，信其道；尊其师，奉其教；敬其师，效其行"。在生活中，施索华更多的是认真倾听，亦师亦友，平等交流，第一时间了解学生的所思所想，以生活为课堂，讨论学生们遇到的各种问题和困惑，设立施索华工作室，实时为学生提供帮助。

见微知著，潜心育人

从生活细微处入手，让大思政课"育人细无声"。习近平总书记在学校思政课教师座谈会上强调："思政课教师，要给学生心灵埋下真善美的种子，引导学生扣好人生第一粒扣子。"平视世界的一代需要有平视世界的思政课堂，在有趣、有料、有温度的思政课中，真正做到扣好人生的第一粒扣子。

施索华不仅在课堂上认真讲授，课后也是学生的贴心朋友。学生在大学时期经常会遇到各种各样的事情，缺少足够的人生阅历，处事缺乏经验，会遇到"翻不过去的山"，等不到明天再解决的事。在施索华了解后，认真对有需要的同学排忧解难，施索华工作室的24小时在线热线，随时为需要的学生提供帮助，以父母之心去理解学生，尊重人性发展，润物无声，触动心灵。

施索华的课堂不仅在三尺讲台，还有校园外的广阔天地。她善用身边的鲜活资源，将道理和事实相结合，因地制宜、因时制宜、因材施教，把思政课讲得有深度、有力度、有温度，推动思想政治工作贯穿教育教学全过程，实现全方位育人。充分利用国内外的事实、案例、素材，引导学生全面客观认识当代中国，看待外部世界，善于在批判鉴别中明辨是非，鼓励学生深入社会实践，在实践中汲取养分，与时俱进。

引航筑梦，潜心育人，让学生成为新时代的追梦人。几十年来，施索华始终工作在教学一线，用扎实的理论功底，广阔的视野，用心解答学生问题，从细节处入手，为广大学生撑起一片蓝天。

立德树人，百年大计

立德树人作为教育的根本任务，旨在培养对国家负责的时代新人。习近平总书记指出："办好思想政治理论课关键在教师，关键在发挥教师的积极性、主动性、创造性"。施索华秉持浓厚的家国情怀，过硬的理论素养，丰富的教学方法，强烈的使命担当，坚持时时刻刻以学生为中心的教学理念，履行新时代铸魂育人的神圣职责。

"才者，德之资也；德者，才之帅也。"人无德不立，育人的根本在于立德，我们培养的人，必须树立共产主义远大理想和中国特色社会主义共同理想，这就是我们要立的"德"。教书育人过程中，施索华坚持"文以载道""以文化人"的教学方法，开设的课程非常火爆，赢得了同学们的喜爱。她的无私奉献和人格魅力不仅感染了同学们，也获得了家人的大力支持。

全面建成社会主义现代化强国，实现中华民族伟大复兴，归根到底需要大批德才兼备的时代新人。习近平总书记旁征博引，围绕新时代培养什么人、怎样培养人、为谁培养人这一根本问题，深刻回答了事关思政课建设的重要问题。办好思政课，就是要开展马克思主义理论教育，用习近平新时代中国特色社会主义思想铸魂育人，引导学生增强中国特色社会主义道路自信、理论自信、制度自信、文化自信，厚植爱国主义情怀，夯实思政课在立德树人中的重要作用。

（五）打造双奥场馆，用好冬奥遗产，讲好中国故事

来龙去脉

习近平总书记在党的二十大报告中指出："繁荣发展文化事业和文化产业……广泛开展全民健身活动，加强青少年体育工作，促进群众体育和竞技体育全面发展，加快建设体育强国。"体育是文化事业的重要组成部分，在促进人们身心健康、推动相关领域经济发展方面都有不可替代的作用。促进中国的现代化，体育事业必须现代化，必须建设体育强国。北京用一届无与伦比的冬奥会和冬残奥会，向世界交上了一份完美答卷，也向世人展示了中国加快建设体育强国的坚强步伐。

在北京，大量北京奥运会的体育场馆被充分利用起来筹办北京冬奥会，充分实现了节约、高效办会。作为国家游泳中心的业主单位，北京国资公司就是典范之一。早在2008年北京奥运会周期，北京国资公司就高水平完成了国家体育场、国家游泳中心、国家网球中心、曲棍球场和射箭场等五大奥运场馆的投资建设和赛时保障任务。在后奥运时代，实现"鸟巢""水立方"稳定运营和持续繁荣，为破解特大型奥运场馆赛后运营的世界性难题提供了宝贵的中国经验。

在北京2022年冬奥会筹办工作中，北京国资公司举全集团之力，不仅承担了"鸟巢""冰立方""冰丝带"三大冬奥场馆改造和建设任务，还担负着冬奥会和冬残奥会体育展示和颁奖仪式工作，全方位服务北京2022年冬奥会。在冬奥会和冬残奥会胜利闭幕后，又积极将三大场馆打造成冬奥遗产可持续利用的典范。

打造双奥场馆　贡献中国方案

在冬奥场馆改造建设工作中，北京国资公司坚持落实可持续发展的申奥理念，积极探索奥运场馆"反复利用、综合利用、持久利用"的"中国

方案"，为奥林匹克运动的发展做出贡献。

在北京国资公司指导下，国家体育场提前筹划，精心编制了冬奥会"鸟巢"场馆设施设备改造方案。承载着国人期待、世界关注的"鸟巢"，在2022年北京冬奥会期间再次惊艳世界，迎接五洲宾朋，已成为世界上唯一一个既举办过夏季奥运会开闭幕式，又举办过冬季奥运会开闭幕式的双奥场馆。

国家游泳中心"水立方"通过创造性的"水冰转换"方案变身成"冰立方"，成为冬奥会冰壶项目的比赛场馆。经过场地结构、温度、湿度、照明、声学等多方面的定向科研攻关和近一年时间的改造，国家游泳中心在场馆内了符合冬奥会冰壶赛事举办标准的制冰、除湿、空调、体育照明和控制系统。

2019年12月，国家游泳中心初次完成了"奥运标准"冰面的制冰工作，并成功举办了"冰立方"首场高规格冰壶赛事，成为世界首个实现"水冰转换"的奥运场馆。

2020年5月，"冰立方"又变回"水立方"，国家游泳中心第一次完成了双奥模式的全周期转换。"水冰转换"方案以冬奥改造为契机，以科研创新和新型科技运用为手段，形成一套融合场地功能转换、场馆经营模式转换，乃至奥运场馆可持续运营发展思维转换的全新、全方位解决方案。2019年底，国际奥委会将"体育和可持续建筑"奖杯颁发给"水立方"，充分体现了国际认可。未来，除了承接冬奥会冰壶比赛，"水立方"在南广场新建的地下冰场，将为普通民众提供冰上运动服务。融汇水上、冰上各类业态的国家游泳中心，真正实现"冰水双轮驱动"。

国家速滑馆"冰丝带"是北京冬奥会唯一新建的冰上运动场馆，以"冰"和"速度"为设计象征，从设计理念、技术工艺、材料选取、施工技法等多方面都实现了创新和突破，形成了科技亮点纷呈、可供国际借鉴的"中国方案"。"冰丝带"采用全冰面设计，1.2万平方米的冰面创下亚洲之最。198米长、124米宽的屋面索网结构工程是世界最大跨度的单层双向正交索网结构，全部使用国产高钒密闭索，屋盖体系用钢量仅约为传统屋面的四分之一。作为奥运史上的首创，采用二氧化碳跨临界直冷制冰系统，成为世界首个使用天然工质二氧化碳作为制冷剂的冬奥会速滑场馆。"冰丝带"智慧场馆建设将集成最先进的信息技术、最优质的观众体验、最精细的管理于一体的体育场馆建设运营解决方案。2020年上半年，在北京国资公司指导下，国家速滑馆项目有序安排现场施工建设复工，屋面、机电设备安装、装修、制冰工程等多工种工序交叉施工稳步推进。

讲好中国故事　传播冬奥文化

2019年10月，北京国资公司支持所属北奥集团正式成为北京2022年冬奥会和冬残奥会官方体育展示和颁奖仪式服务赞助商，开创了东道国企业承担奥运会官方"体育展示和颁奖仪式服务"的先河。

北奥集团不断优化工作方案，加强资源整合，完善服务体系，全力推进体育展示与颁奖仪式中的视频、音频、娱乐、颁奖舞台、礼仪人员、礼仪服装、演出创意等各项筹备工作，确保交付任务的高标准、高质量，力争在北京冬奥会的舞台上讲好中国故事，传播好中国声音，促进文明交流互鉴。

围绕冬奥文化传播和冰雪运动推广，北奥集团精心策划组织了系列文化体育活动和宣传活动。联合"鸟巢""水立方"，共同打造"相约2022"冰雪文化节，已成为北京奥林匹克中心区规模最大、品质最高、周期最长的冰雪文化盛会，助力"三亿人参与冰雪运动"。北奥集团倾力打造的青少年节目《小小主播说冬奥》已在海南卫视正式上线，节目通过千余位6～14岁小主播的精彩播讲，展示北京2022年冬奥会相关内容，进一步激发了广大青少年关注、参与冬奥会的热情。

携手崇礼赛区　促进协同发展

习近平总书记指出："办好2022年北京冬奥会，是我们对国际奥林匹克大家庭的庄严承诺，也是实施京津冀协同发展战略的重要举措。"在决胜全面建成小康社会、决战脱贫攻坚之年，北京国资公司主动与河北省张家口市崇礼区政府签订合作协议，携手开展"冬奥+扶贫"全面合作。双方在宣传冬奥文化、推进冬奥筹办、创新场馆运营、探索冬奥产业项目等方面展开深度合作，以冬奥协作促扶贫事业，加快崇礼区脱贫攻坚步伐。

北奥集团策划的冬奥公益项目"心·画冬奥爱心行动",邀请知名艺术家深入崇礼山区进行文化公益扶贫,面向当地青少年和儿童开展绘画教学、普及冬奥知识等活动,帮助当地青少年脱贫扶志。

积极打造冬奥遗产可持续利用典范

冬奥场馆的可持续利用是冬奥会后公众关注的焦点。在北京冬奥会、冬残奥会总结表彰大会上,习近平总书记指出要积极谋划、接续奋斗,管理好、运用好北京冬奥遗产。早在场馆建设改造之初,北京国资公司就为"鸟巢""冰立方""冰丝带"三大场馆制定了可持续发展蓝图,致力于将三大场馆打造成冬奥遗产可持续利用的典范。

作为全球唯一的双奥开闭幕式场馆,国家体育场"鸟巢"在全新升级后将继续做好国际国内重大活动服务保障工作,续写服务国家战略和北京"四个中心"功能建设的新篇章。同时,"鸟巢"将围绕大型赛演举办、全民健身体验、旅游休闲服务、智慧化运营等开展工作,以"多驱并行、数字化赋能"助力全民共享"双奥"成果。作为双奥文化地标,"鸟巢"充分利用奥运文化资源,进行旅游、文体、展览业态的创新组合,建设"双奥之巢"品牌IP。实施中的"冬奥文化遗产展""双奥艺术展示区""双奥项目动感体验区""沉浸式艺术时尚体验区"将为公众带来更多期待。"鸟巢"主题灯光音乐秀、"鸟巢欢乐冰雪季"等系列群众文化体验及冰雪健身项目已基本定档,体育竞技培训及其他文体活动也在筹备中。"鸟巢"还将进一步推进体验式旅游与场馆文化、体育、休闲功能相结合,增设文化体验、运动健身、亲子娱乐项目;同时利用数字化、科技化手段,将"鸟巢"打造成多功能"智慧城市体验新中心"。

国家游泳中心通过"水冰转换"实现了从"水立方"到"冰立方"的华丽转身,成为世界上唯一可同时举办夏季、冬季赛事项目的奥运场馆。冬奥会后,国家游泳中心开启"水冰双驱"模式,主场馆比赛大厅恢复水上项目运营,"冰立方"冰上运动中心启动冰上运营项目。目前,主场馆内嬉水乐园已完成冬奥赛后复原工作,比赛大厅和热身池也正在进行场地恢复,将为民众提供更优质的水上项目服务。"冰立方"冰上运动中心将复刻冬奥冰壶场地,帮助公众融入冬奥氛围,同时广泛开展群众冰上运动培训和体验活动。根据冬奥会期间北京国资公司与世界冰壶联合会和中国冰壶协会签署的战略合作协议，三方将通过在"冰立方"冰上运动中心设立"世界冰壶学院培训中心"、举办国际冰壶赛事及系列冰壶培训等，共同促进冰壶运动在中国和世界的发展。

作为北京冬奥会北京地区唯一新建冰上场馆，"冰丝带"不仅书写了冬奥场馆建设的"中国方案"，而且在赛事运行期间成为"最快的冰"。近日，国际滑冰联盟（ISU）卓越中心已落户"冰丝带"。在后奥运时代，"冰丝带"将致力于成为集体育赛事、群众健身、文化休闲、展览展示、社会公益等多种功能于一体的冰雪运动中心，成为展示中国文化独特魅力的重要窗口和中国冰雪运动发展的亮丽名片。"冰丝带"场馆内12000平方米的世界最大冰面能满足举办速度滑冰、花样滑冰、冰球等多项赛事以及大众进行多种冰上活动的多功能需求，赛后可同时接待超过2000名市民开展各类的冰雪运动。与此同时，"冰丝带"在场馆外规划打造了"一湖一场一赛道"的冬奥文化集群。"一湖"指的是"冰丝带"西南侧兆惠墓碑附近建设的人工湖，湖水在冬天自然成冰，将成为室外冰场，满足群众对户外冰上运动的需求。"一场"是场馆南侧的人造草坪足球场，继承了场馆原址（奥林匹克曲棍球场）曾作为2008年北京夏奥会盲人足球场地的光荣历史，体现了两个奥运的传承和发展。"一赛道"是越野滑雪和冬季两项赛道，这是北京城区第一条符合标准赛事的赛道，使得"冰丝带"成为既能举办冰上所有赛事和活动的场馆，又能承办雪上项目比赛和活动的场馆，更好地满足人民群众对冬季美好生活的向往。

（资料来源：中国网，《北京日报》）

事中有道

科技助力，冬夏转换

冬夏双奥，万鸟归"巢"。2022年，国家体育场"鸟巢"作为北京冬奥会和冬残奥会开闭幕式的场馆，延续2008年北京奥运会的辉煌，成为世界上第一个"双奥体育场"。新亮相的"鸟巢"已完成37项改造工程，正式开启节能低碳、智能化服务新模式。

国家体育场"鸟巢"冬奥会场馆翻新改造面积约10万平方米，包含37项翻新改造内容。2008年北京奥运会建设期间，"绿色奥运"的理念就已融入"鸟巢"建设中，在进行修复和改造中依然要坚持"绿色发展"理念，切实将"绿色办奥"理念贯穿工程始终。冬奥会被称为"展现未来愿景的高科技实验室"，人工智能、增强现实等新锐技术为开闭幕式提供助力，复合材料的奥运火炬、5G+8K技术、生物气溶胶新冠核酸检测系统等无不展现出科技与冬奥的完美融合。多重硬科技的强力"加持"，更是促进了中国冰雪运动水平的提升。

由国家游泳馆"水立方"改造而成的冬奥会冰壶比赛场地"冰立方"已成为世界知名的比赛场地。"水冰转换"的"双奥场馆"，融入大量高科技元素，"冰立方"是冬奥会历史上体量最大的冰壶场馆，世界唯一水上项目和冰上项目均可运行的"双奥场馆"，也是世界上首个在泳池上架设冰壶赛道的奥运场馆，"绿色冬奥"愿景变为现实，成功使一个场馆从单一的功能走向一个全民化、复合化、高精端化的多功能场馆。

"张北的风点亮北京的灯"。河北张北可再生能源示范项目的建设，把张北的风转化为清洁电力，并入冀北电网，再输向北京、延庆、张家口三个赛区，点亮了一座座奥运场馆，北京冬奥会三大赛区26个场馆历史性地首次实现百分之百绿色电能供应。科技助力双奥场馆的修复改造，更为场馆使用提供源源不断的电力支撑。科技赋能、低碳管理、生态保护成为北京冬奥举办的鲜亮底色。

情浓冬奥，传承文化

坚持"绿色办奥"，将"绿色发展"理念贯穿冬奥会筹备工作。"绿色办奥"是在办好冬奥会过程中，保护好环境，体现"绿色体育"精神。目的是让体育从业者或热爱体育、参与体育活动的人们，感受和践行人与自然和谐相处的理念，积极与世界各国人民互动，分享中国独特的体育文化。

我国力争到2060年实现碳中和目标。奥运会作为一项巨大的工程和事业，实际上是碳中和具体落实和实践的一个非常重要的体现，冬奥会的举办已成为碳中和的示范性工程。我们全面履行了申办冬奥会时做出的可持续发展承诺，落实可持续发展政策，将"绿色奥运"理念贯穿筹办全过程。北京冬奥会在低碳场馆、低碳能源、低碳交通等方面进行了完整的碳中和实践，中国冬奥会的举办传达出一种奋斗不止、积极向上的价值理念，从而展现了我们的生态文明思想对世界的贡献。

抓住筹备冬奥会带来的发展机遇，推动人们实现健康、绿色、低碳的生活方式，有利于提高人民群众的生活质量，也是满足人民对美好生活向往的重要方面。许多场馆的设计体现了中国文化的特色，比如"冰丝带""雪飞天""雪如意"等场馆包含中国元素；冬奥会和冬残奥会会徽体现了中国书法与体育运动的完美结合；吉祥物"冰墩墩"形象来自中国国宝大熊猫，"雪容融"的设计灵感源于象征团结喜庆的中国灯笼。

北京双奥作为一项大型文化盛会，将祥云、如意、印章、中国红、灯笼、青花瓷等抽象文化元素与开幕式、吉祥物、火炬、奖牌等奥运仪式有机融合。备受追捧的"冰墩墩"均以"国潮风"诠释"奥运范"，充分体现了包容多元的文化自信。将中国古代建筑、长城城墙、首钢园工业遗址与冰雪赛道相交汇，极大丰富发展了奥林匹克文化，凸显北京双奥独一无二的历史文化价值。

奥运遗产，全民共享

中国始终坚持"绿色办奥"理念，让"绿色"成为北京冬奥会最亮丽的背景，向世界展示开放、先进、美丽、文明的国家形象，优化调整场馆建设资源，重点将在赛后用于推动城市的可持续发展，不仅造福于人民，也将服务于我国"双碳"目标的实现。

"体育强则中国强，民族体育兴则体育兴。"截至2022年1月12日，中国实现了"带动3亿人参与冰雪运动"的目标。全国参加冰雪运动的人数达到3.46亿人，居民参与率达到24.56%。冬奥会北京赛区的11个竞赛和非竞赛场馆是2008年奥运会的遗产。只要合理有效地开发利用冬奥遗产，丰富的冬奥遗产就能成为惠及民生、长期受益的优质资产。中国建设京张高铁、贯通京礼高速、建成张家口南综合客运枢纽，赛时满足北京冬奥会期间快速交通联系的需求，赛后改善民众出行条件，同时加强京津冀晋蒙地区人员的交流往来、经济社会联系与协同发展。

习近平总书记指出："北京冬奥会和冬残奥会就像是一个弹射器，可以推动我国冰雪运动和冰雪产业飞跃式发展。"北京冬奥会成为新的历史坐标。坚持冬奥成果由人民共享，更好地回应群众关切，更快地造福百姓生活。

五、我们心中的生态现代化：
美丽是现代化的底色

（一）鄱阳湖候鸟的"守护神"

🔲 来龙去脉

鄱阳湖，位于江西省北部，是中国第一大淡水湖。受修河水系、赣江水系等影响，每年的秋冬季至次年春季是鄱阳湖的枯水期，"碧野无垠接天云"的广阔草洲随之出现，水草肥美、鱼虾丰富、环境清幽，自然成为北方候鸟迁徙越冬的最佳之地。

"鄱阳鸟，知多少？飞时遮尽云和日，落时不见湖边草"，这是对保护区越冬候鸟景观的真实写照。白鹤、黑鹤、天鹅、灰鹅、鸳鸯、鹈鹕……300余种鸟类栖息于此，白枕鹤、白头鹤、灰鹤等20余种世界濒危的珍禽也在其列。作为世界上最大的鸟类保护区，鄱阳湖的"珍禽王国"之称可谓实至名归。英国菲利普亲王、丹麦亨里克亲王以及国内外著名专家学者都不远万里前来保护区观赏、考察候鸟。

隆冬，六七十万只候鸟因"春运之旅"而到鄱阳湖，熙熙攘攘，热热闹闹。生态的优良、候鸟的美丽，自有观鸟爱好者和专家学者去评说和赞扬；鄱阳湖候鸟的"守护神"，往往只是身居"幕后"，默默保护生态环境，守护翩翩起舞的候鸟，他们不求高官厚禄，不求锦衣美食，尽心尽力守护候鸟，构筑他们心目中的美丽中国，在他们的心目中，美丽的环境、优良的生态，是现代化中国不可或缺的部分。

王小龙：候鸟"比亲儿子还亲"

王小龙，江西鄱阳湖国家级自然保护区管理局吴城保护管理站的候鸟巡护工作者。他嘴里总是念叨，说候鸟"比亲儿子还亲"，若是哪一天见不到这群"宝贝们"，他倒浑身不自在了，即便是在梦里，他也总是对候鸟们念念不忘，"担心它们行程万里来到鄱阳湖后是否有依有靠"。

每天早上5点左右，王小龙就从温暖的被窝里爬了起来，天亮后，他骑着摩托车来到吴城古镇的最高点———一座20多米高的瞭望塔，用望远镜观察鸟类聚集地，然后，带着干粮到鄱阳湖巡湖。这是王小龙的日常工作，忠实呵护珍禽候鸟，三十余年如一日，不曾变更。

即使刮风下雨，王小龙也要骑40多公里去观察候鸟，巡查周边环境。来不及赶回保护站时，就在路上吃几口自带的干粮。保护区路面多为泥泞道路，一旦遇到下雨天，王小龙便"要推着摩托车，步行回保护站"，或者"在沼泽地艰难地徒步行走"。王小龙坦言环境十分艰苦，"但是，因为我选择了这个职业，加上我是个退伍军人，吃苦对我来说并不算什么"。

在越冬候鸟迁徙高峰期，王小龙即便在家门口工作，两三个月也难进家门，他要么担心鄱阳湖生态环境被破坏，要么担心候鸟在湖区湿地觅食困难，最后，他干脆与这群"春运"大军一起过年，而这，早已成为常事。

王小龙也是鄱阳湖美丽生态的宣传者。30多年来，王小龙拍摄的鸟类照片有数万张，专门用来储存照片的硬盘有近20个。"鄱阳湖自然保护区是世界上最大候鸟越冬栖息地，拍摄下来是为了记录最美的那一刻，也是作为资料保存。"

"独乐乐不如众乐乐"，对保护区候鸟情况了如指掌，又懂摄影的王小龙也会非常热心地帮助摄影爱好者寻找拍鹤掩体和合适机位。"凡跟他到湖里拍鹤的人都能见到鹤，并能拍到大批的鹤群，他知道什么水位什么风向，他知道拍鹤的掩体该挖在哪里，他知道哪里容易找到鹤"。江西生态摄影家协会荣誉会长叶学龄对王小龙称赞不已，"我20多年来去了保护区100多次，他是一位非常热心和负责任的人，鄱阳湖生态摄影离不开他的帮助和支持"。

王小龙也是实至名归的候鸟"守护神"。对于王小龙来说，违法捕鸟是绝对无法容忍的事情，哪怕得罪人，哪怕亲属劝他考虑自身安危，他也会毫不犹豫地挺身而出。1992年的一个晚上，正在巡查保护区的王小龙发现了偷猎人员的踪迹，他毫不犹豫地报案，警方赶到后，当场查处17艘船，抓获34名不法分子，收缴了国家二级保护珍禽白额雁385只，并由此侦破一起捕杀、供销、贩运"一条龙"的重大案件。

现如今，随着各级政府加大了保护力度，偷猎候鸟的行为越来越少，鄱阳湖保护区的生态环境也越来越好。谈及此，王小龙兴奋不已，"看到候鸟自由自在地在湖里嬉戏，没有人去干扰它，我心里就非常高兴"。

57岁的王小龙，守护候鸟35年，徒步巡护20余万公里，解救放飞300余只候鸟……这一连串的数字，透露出巡护工作的艰辛与寂寞，也书写着巡护人员的平凡与伟大。

李春如：爱写诗的"候鸟医生"

李春如，江西省九江市都昌县多宝乡鄱阳湖候鸟救治医院的"候鸟医生"。他原本是都昌县人民医院的医生，后来举家搬迁至乡下居住。1982年，一个强对流天里，风雨雷电轰鸣之后，李春如家周边山林里的鸟巢纷纷被吹翻，数百只幼鸟摔落树下，死伤惨重。途经的李春如看见后于心不忍，和儿子一起捡回了300多只幼鸟，并为其治疗。没想到这一救治，就坚持了数十年。从此以后，李春如每天出现在马影湖边，沿着湖岸线巡视，观察候鸟迁徙、觅食状态，排查捕鸟网，制止非法猎捕。

2011年，李春如买下了洞子李村已被废弃的村委会，在原址修缮、盖起了一层60平方米不到的平房，用作建设候鸟医院，添置医疗器械等总计花了约13万元，其中部分来自政府、企业的资助。

2013年，"中国鄱阳湖候鸟救治医院"正式揭牌，李春如同时兼任院长、医生、护工、饲养员和清洁工。给候鸟做手术、打针、喂药、准备食物和水、打扫卫生以及采购药品、食物，他都一力承担。他会为每只入院治疗的候鸟建立档案，手写病历、医嘱、放飞及出院小结，详细记录入院候鸟的种类名称、鸟龄、外形外貌、送鸟单位（人）、检查体征，以及治疗方法、用药品类、药量，并记下候鸟出院时的体征，最后在都昌县候鸟保护管理局相关工作人员的监督下将其放飞。对于救治无效的候鸟，他也会认真地填好住院候鸟死亡报告单。

2014年，多宝乡马影湖大雁保护协会成立，包括顾问李春如在内，成员一共27人，马祖桃担任会长，许小华担任副会长。用许小华的话来说，"我们都是李老带出来的"。大雁保护协会的日常工作从巡湖开始，包括李春如在内的成员分组，把马影湖7.31公里的湖岸线划分成6个责任区，每段每天由责任区负责人带头巡湖，并及时将发现的情况通报汇总。

2015年，李春如收治了一只中毒性腹泻导致严重脱水，并且右翅膀下关节呈脱臼或不完全骨折的白鹤（国家一级保护动物）。李春如为它用药，喂它鲜榨玉米汁，对其右翅进行复位包扎，"小白"慢慢恢复了健康和活力，和李春如的感情也逐渐深厚。

"它很黏人的，我去哪它都会跟着"，回忆起相处的点滴，李春如仍然有些激动。他耸起肩两手作翅膀状拢在腰后两侧，双脚模仿着鸟类的踱步，"小白不太会走，就这样蹦蹦跳跳，我走一段它跳一段，要么它会往前飞一段再停下来等我，但它伤还没好，只能低低地飞"。

住院53天后，到了要放飞的日子，"小白"在医院旁的湿地里徘徊数日，不愿离去，李春如和其他志愿者们无奈之下采取驱赶措施，"小白"最终成功北归。"小白"离去后，李春如难掩思念，为它写下了一段深情的诗句："人如昨，意如昨，只有雁语和鸭歌，思友人奈何。"

"天鹅玉环肥，模样却很俏。一片真情待世人，不分老和少""珍珠帘外鸟影珊，歌动鄱阳意不闲""鸟影堤上风细细，群鸟望天际，草色湖光映照里，鹅琴鹤鸣全全意""三十五年长相处，为伊消得人憔悴，今生心甘做鸟痴"，这些都是李春如在救治候鸟、巡查湖区过程中创作的诗词，他喜欢用诗意的文字记录自己与候鸟相遇的瞬间。

儿子李华艳认为，父亲能坚持护鸟数十年，与从诗词中得到的乐趣有莫大关系，"他热爱诗词，护鸟过程里，他可以一直创作，充满热情，一点不觉得苦"。

"我把候鸟当老朋友，把护鸟当寄托"，李春如表示，自己能在保护候鸟中得到享受，有成就感。

截至2022年，李春如77岁的生命里，从事候鸟保护工作已近40年，救治了超过5万只候鸟，是远近闻名的"候鸟医生"，但他也是一名普通的爱鸟人士。

李跃："中国生态英雄"

李跃，都昌候鸟自然保护区管理局局长，曾为守护候鸟栖息地被打断三根肋骨，被誉为"中国生态英雄"。

"鄱阳湖上都昌县，灯火楼台一万家，水隔南山人不渡，东风吹老碧桃花。"苏轼曾赋诗赞美鄱阳湖畔的都昌美景，在这般美景下，有鸟做伴，更让人流连忘返，也更让世界惊叹中国的美丽，李跃如此感叹。

2008年，都昌候鸟自然保护区成立，李跃成为都昌候鸟自然保护区管理局局长，而在那时，一只小天鹅能卖到6000元至8000元，抵得上一个渔民大半年的捕鱼收入，保护候鸟困难不小，责任重大。

"管理局刚成立时，人员少、设备无、经费不足，工作开展极为困难。"李跃说。偷猎盗猎者往往在多县交界、方位偏僻区域以天网、投毒、强光等手段猎杀候鸟，隐蔽性强，巡护难度大，保护区工作人员是看在眼里、急在心头。

2010年，李跃和同事在一次巡护过程中，发现30多个村民在网捕螺蛳。为制止村民的违法行为，他遭到围攻，致使三根肋骨被打断。

为了不让偷猎者得逞，李跃不但与偷猎者杠上了，也跟自己较劲。"偷猎者晚上布置'天网'，我们白天就砍掉，如此形成'拉锯战'。"李跃说。2008年以来，他们巡护里程10多万公里，排查投毒险情60多次，清理"天网"126公里，砍断竹篙3万多根，烧毁作案船只4条，没收作案摩托车3辆。

正是这种对候鸟全身心的付出和守护，李跃获得过"中国生态英雄"和"斯巴鲁生态保护奖"两个大奖，成为鄱阳湖候鸟名副其实的"守护神"。

王小龙、李春如、李跃、周海燕、雷小勇……越来越多候鸟"守护神"出现，越来越多的人自发加入候鸟保护队伍，候鸟保护采茶剧团、候鸟保护协会、大雁保护协会等一大批爱鸟护鸟民间团体涌现了出来，他们救治病伤候鸟，开展生态保护宣传，参与湖区巡护。

水天相接，候鸟低飞，渔舟唱晚，背后是候鸟"守护神"数十年如一日的坚守，他们也是人群中的普通人，凭着满腔热情，无私奉献，守卫候鸟、保卫生态，筑建他们心目中的美丽中国。谁说钢筋铁泥、灯红酒绿才是现代化的社会？谁说高官厚禄、锦衣美食才是幸福的生活？守护自己热爱的大地和候鸟，绿草清风中吟诗作词、低唱欢歌，何尝不是社会主义现代化的美丽一角？

（资料来源：新华网，光明网）

🔖 事中有道

守护栖息地，打造防护网

江西鄱阳湖是中国最大的淡水湖、国际最重要候鸟越冬地之一，其多类型的湿地生态系统，每年吸引着60多万只候鸟越冬栖息，被国际社会公认为"珍禽王国"和"候鸟天堂"，冬候鸟在鄱阳湖越冬的繁盛景象享誉世界。这一切都离不开全方位的守护，既有巡防人员，也有科技助力，全覆盖于鄱阳湖，保护好候鸟的栖息地，维持种群稳定，人们的努力正在让这里变成候鸟的天堂。

随着我国不断加大生态环境的保护力度，候鸟栖息地的环境已经明显改善，各地区开展生物多样性保护与研究，推进湿地修复和改造，候鸟种群和数量都明显增加，减少人类干扰，建立全天候的监测系统，在研究鸟类的同时，有效杜绝盗猎等行为，生态环境持续恢复，候鸟的栖息环境得到持续改善。鸟类迁徙路程十分漫长，沿途需要经过许多森林、草原、高山等，不仅消耗了大量的身体能量，还受到不良天气、新环境适应等一系列不确定性的影响，甚至有一些野生鸟类会受伤或体力不支，而鄱阳湖本身的环境资源可以成为北方候鸟迁徙越冬的能量补充、休养生息的栖息地，实现种群的繁衍，维持生态平衡。

良好的湿地生态系统和丰富的水鸟资源，造就了鄱阳湖最美的人鸟和谐共生景观。江西鄱阳湖国家级自然保护区内，形态各异的候鸟自由飞舞、漫步觅食，鸟与自然和谐共生的美景随处可见。在这里，像王小龙、李跃一样的巡护工作者，几十年如一日，用多种方式为候鸟栖息撑起了"安全网"。一辆摩托车、一台望远镜、一座瞭望塔……都成为这些鄱阳湖候鸟"守护神"工作日常的必备工具，他们为守护候鸟安全，付出艰辛，在平凡的岗位上干着不平凡的事。

撑起"保护伞"，共建"避风塘"

鄱阳湖是我国最大的淡水湖，也是国际重要湿地、亚洲最大的越冬候鸟栖息地。每年有数十万只候鸟前来越冬，鄱阳湖区周围群众自发加入候鸟保护的队伍，一大批爱鸟护鸟机构陆续成立，不仅积极参与湖区巡护，还积极救治受伤生病的候鸟，逐渐形成一股保护湖区候鸟的力量。这些爱心人士不求名利，对保护候鸟倾注满腔热情，对受伤的候鸟救治十分积极。自小在鄱阳湖边看着候鸟长大的李春如，对候鸟有特别的感情，2013年，全国首家候鸟医院在鄱阳湖畔的都昌县多宝乡成立，护鸟经验丰富的李春如被推选为院长，此后，李春如便把一生所学的医术用到了为鸟治伤病上面。

李春如始终相信，动物的情感和智慧有时超越人类的认知。1982年一个暴雨夜一夜倾覆的鸟巢，殃及数百只候鸟，李春如和家人包扎治疗受伤候鸟，此后，保护候鸟成了他毕生奉献的事业，也从"人医"变成"鸟医"。李春如动用自己多年的积蓄，购买李洞林村废弃的村委会房子，把它改造成"候鸟医院"，在医院的立柱上写着"一切为了候鸟的健康""让候鸟享受人一样的治疗"。以治鸟为乐，以护鸟为业，成了李春如日常生活的重要组成部分。在中国的许多文学著作中都有候鸟的身影，而他便是在受到这些文学作品的熏陶后，对候鸟产生了浓厚的情感。他酷爱写诗，是中华诗词协会会员，是名副其实的"候鸟诗人"。

关注候鸟保护，守护生态和谐。鄱阳湖作为长江流域的一个重要湖泊，它的水质直接关系着长江的水质。近年来，鄱阳湖水质持续改善，一湖清水、鸟翔鱼跃，成为候鸟重要栖息地，每年几十万只候鸟在这里过上无忧无虑、丰衣足食的生活。

让爱鸟护鸟成为共识共为

每年冬季，鄱阳湖便成了"候鸟天堂"，成千上万只候鸟都会飞来这里，赴一场生命之约，同时也吸引了四面八方的观鸟游客和摄影爱好者前来，欣赏人鸟共家园的美景。"候鸟医生"李春如、"中国生态英雄"李跃、王小龙……不断壮大的守护候鸟的队伍，他们数十年如一日的坚守，成全了鄱阳湖人与自然和谐发展的良好生态环境。

正是因为有这样一群人，他们为守护候鸟，唤起了人们对生命的敬畏，见证了人鸟相处最动人的模样。通过加强宣传教育，提高群众对候鸟的关注度与爱护意识，并通过认知保护候鸟的重要性，将生态文明行为坚持下去。爱鸟护鸟就是守护绿水青山，建好候鸟迁徙通道，增强居民爱鸟护鸟意识，让爱鸟护鸟成为人们的自觉行动。鄱阳湖的生态环境不仅需要常年坚守一线的"守护神"，还需要越来越多的社会力量参与候鸟等野生动物保护工作中来，在全社会形成爱护鸟类、从我做起的浓厚氛围。

如果我们保护不好鸟儿，没有那些美丽的候鸟栖息、飞过，我们的家园中缺少了这些美丽的精灵，那么，我们的文化中或许会少了很多诗意，"美丽中国"恐怕也会有所逊色。广泛宣传保护候鸟等野生动物的重要性，激发湖区群众护湖爱鸟的长久热情，这样的积极行动越多，鸟语花香、山清水秀的"美丽中国"就会离我们越近。强化公众的鸟类保护意识，为候鸟栖息保驾护航，对建设美丽江西、美丽中国具有重要意义。

（二）让沙漠变成绿洲的中国治沙人

🎏 来龙去脉

根据中国第5次荒漠化和沙化监测结果显示，截至2014年，中国荒漠化土地面积261.16万平方公里，占国土面积的27.20%；沙化土地面积172.12万平方公里，占国土面积的17.93%。放眼全球，荒漠化面积已达3600万平方公里，占地球陆地面积的1/4。

荒漠化作为全球面临的重大环境问题，严重威胁着生态安全和可持续发展，不仅如此，荒漠化也阻碍经济、社会的发展，给人们的生活带来不便，是社会主义现代化建设和美丽中国建设的"拦路石"。据悉，中国每年因荒漠化问题造成的直接经济损失超过640亿元人民币，将近4亿人直接或间接受到荒漠化问题的困扰。

荒漠化在中国最主要的表现形式之一是土地沙化。因此，防沙治沙、国土绿化是遏制中国北方土地退化的重大举措。近40年来，中国启动了包括"三北"防护林体系建设工程、京津风沙源治理、天然林保护、退耕还林还草等16项投资巨大、影响深远的生态修复工程。2000—2017年，中国通过一系列生态修复工程来进行绿地恢复，大地实现了"由黄变绿"，贡献了全球25%的绿色增加量。十多年来，中国土地净恢复面积占全球的18.24%，位列世界第一，对全球土地退化零增长做出了重要贡献。

而这一系列成果的取得，都离不开中国治沙人的默默坚守和奉献，离不开他们对现代化中国美丽底色的信仰。

从"金饭碗"到沙窝窝

"好消息，您被评上全国劳动模范了！"当旁人神情激动、兴高采烈地向郭万刚报喜的时候，他正在八步沙林场压沙，听到喜讯，憨笑道："作为生长在沙区的人，种树，是我们应该做的。这么点小事却得到这么多荣誉，我们要继续加油干，守住来之不易的绿色。"

他就是郭万刚，甘肃省古浪县土门镇八步沙集体林场党支部书记、场长。2020年，郭万刚被评为"全国劳动模范"。

1951年，郭万刚生于腾格里沙漠南缘、古浪县北部的一个风沙口。20世纪80年代初，面对恶劣的生态环境，为了护庄稼、保饭碗，郭万刚的父亲与其他5位老人建立八步沙林场，开始造林治沙。

1984年，郭万刚的父亲病重，进不了沙漠，但仍对治沙念念不忘，希望郭万刚能接替他完成未竟的治沙事业。而当时，30多岁的郭万刚正在供销社上班，是个让人羡慕的国家职工。

"从内心讲，我不愿意到荒无人烟的沙漠里去治沙。"郭万刚说，但看到父亲渴求的目光，出于对家乡的热爱，他毅然决然放弃供销社的"金饭碗"，追随父亲的脚步挺进八步沙，走上了漫漫治沙路。

刚开始，没有资金，也没有经验，他就用"一锹沙、一棵树"的土办法造林。可没想到，几场大风刮过，近一半的树苗就被沙子埋掉了。收拾着风干的死树苗，郭万刚心里不是个滋味。一股挫败感油然而生，是坚守治沙，还是趁早放弃，转行致富？望着发芽的活树苗，看着茫茫黄沙中的几抹绿色，他又想起了病重父亲渴求的眼神，他咬牙下定决心："只要有活的苗，就说明这个沙能治！"经过反复摸索，他终于总结出了"一棵树，一把草，压住沙子防风掏"的治沙方法。

春秋时节，是压沙栽树的黄金期。为了赶进度，郭万刚索性卷起铺盖住进沙窝里。没有房子，他就在沙地上挖个壕沟，用柴草搭上个地窝铺住；没有炉子，就用三块石头支口锅，开水泡馍当饭吃。大风一起，沙子刮到他的锅碗里，常把他的牙齿咯得吱吱响，饶是如此，他也从未动摇植树种绿、防风治沙的决心。

青天不负有心人，小树苗好像也被他感动了，互相依偎着、坚持着，慢慢成活了。望着一棵棵亲手栽种的花棒、梭梭长出了芽，郭万刚高兴地笑了，吃的苦总算有了回报！

治沙"拼命三郎"

在林场职工眼中，郭万刚是为了治沙能豁出去的"拼命三郎"。因而，大伙也死心塌地地跟着他造林治沙，守护家园。

2000年，郭万刚被大伙推举为八步沙林场场长。上任伊始，他就动员组织150多人的治沙队伍，挺进腾格里沙漠南缘腹地，对八步沙最后2万亩沙漠进行治理。经过3个春秋的连续苦干，终于完成了2万亩的治沙任务，共栽植柠条、沙棘、花棒、梭梭、白榆等各类灌木360万株。

2003年，郭万刚带领他的治沙团队，又承包治理离八步沙25公里外、占地11.4万亩的黑岗沙、大槽沙、漠迷沙一带的沙荒地。该地段每年5级至10级以上大风要刮100多天，肆虐的风沙直接侵害了黄花滩4万名百姓的生产生活。

"沙漠不退人不退，草木不活人不走。"为了全面彻底治理沙漠，2003年国庆节后，郭万刚卷起铺盖，走进了黑岗沙，住进了土坯小屋，成天领着200人的治沙队伍，对茫茫沙漠展开决战。选苗、挖坑、种植……经过几年的奋力拼搏，黑岗沙等地的沙患得到有效治理。

压沙造林近40年，特别是在郭万刚担任场长以来，八步沙林场管护面积扩大至20万亩，累计治沙造林14万亩，封沙育草19.6万亩，栽植各类沙生苗木4000多万株，埋压草方格沙障4万多亩，修建通向沙漠腹地的压沙造林道路34公里。林场自筹资金420万元，完成省道308线通道绿化10公里、金色大道绿化32公里，黄花滩绿洲移民基地农田林网造林折合面积5000亩，栽植各类苗木100万株，成活率在90%以上。

八步沙林场管护区内林草植被覆盖率由治理前的不足3%提高到现在的70%以上，形成了一条南北长10公里、东西宽8公里的防风固沙绿色长廊，使周边10万亩农田得到保护，确保了干（塘）武（威）铁路及省道308线和西气东输、西油东送等国家能源建设大动脉的畅通，为治理当地生态环境做出了杰出贡献。

坚守信仰、改进方法，筑起绿色屏障

"治沙苗木就像郭场长的孩子，他看得比命都重要。"林场的同事感慨道。每次去沙漠，郭万刚会一棵一棵察看树苗发芽和生根的情况，看到还未发芽的小苗时，他就跪下来，用手轻轻地刨开上面的沙土，看看小苗是不是生了根。然后，又小心翼翼地把沙土盖上去，用手一点点压实

掩土。

一个奋战在治沙一线近40年的老人，就像呵护孩子一样呵护绿色，像爱护眼睛一样爱护生态。没有对生态文明的信仰，没有对现代化美丽底色的向往，又怎能做到这一切？郭万刚的治沙工作如此简单、平凡、普通，但他的坚守、他的信仰、他的美丽中国梦，又是如此感人和灼热。

在多年的治沙实践中，郭万刚对"一棵树，一把草，压住沙子防风掏"的传统治沙方法进行了改良和补充。他采用"网格状双眉式"沙障结构，在固定的沙丘周围构筑立体固沙体系，在林场建设经济林，在活动沙丘上种植饲草灌木，在风沙前沿栽植防风固沙林，在农田地带营造大网格农田防护林，辖区草木成活率在90%以上。

治沙造林，管护是关键，防盗伐、防偷牧、防林火成了治沙人每天必做的功课。为了责任到人，林场和护林站职工层层签订责任书，将管护区划分到每个护林站，实行网格化管理，决不允许发生任何管护林草区安全事故。郭万刚和林场职工一样，早晨天未亮便披星出发巡护，夜色沉沉才戴月走进家门，每日步行30多公里，其间辛苦常人难以体会。

如今，在郭万刚的带领下，昔日黄沙漫天、环境恶劣的沙地贫困林场发展成为一个物种丰富、环境优美、生机盎然的林业观光景区，一道道绿色屏障在沙漠之海升起，防风固沙、利民利国。

治沙造林里的致富经

经过众人治沙的努力，林场的固定资产由原来的200多万元增加到2000多万元，职工年收入由原来的年均不足3000元增加到5万多元，彻底改变了贫苦落后的面貌，实现了沙漠变绿、治沙人致富的理想。同时，林场周边10多万亩农田得到了有效保护，亩均增产10%以上，人均增收500元以上。

据林业专家评估，八步沙林场建成的防风固沙林带，目前活立木蓄积量在2万立方米以上，林中每年产鲜草500多万公斤，产薪柴200多万公斤，经济价值在千万元以上。其更大的生态价值是确保了境内10万亩良田每年增收200万元，创造了"绿进沙退"的治沙奇迹。

自2015年起，郭万刚组织承包了干武铁路复线两侧生态恢复、黄花滩移民开发区农田林网建设、营（盘水）双（塔）高速公路通道绿化、腾格里沙漠古浪区域治沙造林等6项生态治理工程。特别是承担的腾格里沙漠古浪区域15.7万亩的治沙工程，3年已完成工程治沙（草方格）2.1万多亩，治沙造林1.6万亩，栽植各类沙生苗木400多万株，埋压稻草1万多吨，为构建西北治沙屏障奠定了良好基础。

郭万刚的治沙造林壮举得到了党和政府的肯定。他先后获得"全国优秀护林员""甘肃省农村优秀人才""武威市首届绿化奖章""古浪县首届道德模范"等多项荣誉称号，受到各级各类表彰奖励十多次。2019年8月21日，习近平总书记在考察八步沙林场防沙治沙和生态建设时亲切接见了郭万刚等治沙造林先进群体代表，高度评价他们是"困难面前不低头，敢把沙漠变绿洲"的当代愚公、时代楷模。

沙漠，被称为"不可治愈的地球癌症"。面对黄沙漫卷的不毛之地，有的人选择了远离，有的人却选择了留下并且改变它。郭万刚、甄殿举、王银吉、图布巴图、石光银、娄志平、殷玉珍、宝秀兰、牛玉琴……正是这些从事普普通通治沙工作的人，年复一年，日复一日，怀揣信仰，英勇奋斗，坚守在黄沙漫天、孤寂荒凉的戈壁荒野为祖国植树造林、防风固沙，保卫华夏大地的青山绿水、蓝天白云，带领老百姓们在黄沙中开拓一条"绿色通道"，奔向生态文明，构建社会主义现代化的美丽中国。

（资料来源：人民网，新华网，中国林业新闻网）

🔲 事中有道

从"沙进人退"到"绿进沙退"

土地荒漠化一直被称为"地球之癌"，其对人类威胁的程度绝不亚于其他灾害。我国是世界上荒漠化最严重的国家之一。由于过度砍伐、过度放牧等不合理开发行为，以及不合理的水资源利用，土壤老化程度加剧，加之土壤长时间裸露在地表，大风不断地侵蚀，使细小的土壤颗粒被风干，变得松软，从而导致土壤沙化程度不断加深。近年来，中国植树造林的成就显著，不断地加大向沙漠收复失地的速度。如果借助NASA的空间遥感数据就会发现，自2000年以来，地球新增了5%的绿化面积，相当于整个亚马逊雨林的大小，而其中1/4就来自中国，荒漠化和沙化扩展趋势得到有效遏制，实现了由"沙进人退"到"绿进沙退"的历史性转变。

谈到治沙，就不得不提起甘肃武威古浪县的八步沙林场。经过几十年的不懈努力，榆林八步沙林场治沙造林取得了巨大的建设成效。"绿进沙退"的背后，是一群以林为家的植树人。20世纪80年代，郭万刚的父亲和其他几位年过半百的老汉，以联产承包责任制的形式组建了八步沙集体林场，成为八步沙的第一代治沙人。郭万刚和其他几位老汉的儿子或女婿相继接过父辈的嘱托，成为第二代治沙人。2016年，郭万刚的侄子郭玺也加入了林场，成为第三代治沙人。现任八步沙林场场长郭万刚，放弃"铁饭碗"工作，放弃安逸生活，要和风沙"斗一斗"，在大漠深处与风沙征战，用自己的实际行动书写治沙造林的绿色之路。经过几代人的努力，八步沙林场一共完成治沙造林25.7万亩，成功击退了风沙的侵蚀，极大改善了八步沙的自然面貌。

当前，我国森林覆盖率已由20世纪80年代初的12%提高到目前的23.04%，人工林面积居全球第一。全国荒漠化土地面积由20世纪末年均扩展1.04万平方公里，转变为目前的年均缩减2424平方公里。中国在治沙造林方面的经验成了世界的模板，让更多的沙漠变成绿洲，创造了令人震撼的绿色奇迹。

蹚出科学治沙之路

昔日沙赶着人跑，如今人顶着沙进。和风沙无数次的较量与博弈后，郭万刚更加坚定了向沙地进军的决心，数不清的挫折与失败也让他和一众治沙人渐渐摸索出一套治沙造林的经验。治沙要遵循自然规律，因地制宜，宜林则林，宜草则草，综合治理。蛮干不行，治沙造林得依靠科学技术，只有坚持科学治沙、综合治沙，才能实现治沙事业可持续发展。

郭万刚的治沙并不是一帆风顺，有过犹豫，也有过彷徨。由于没有足够的治沙经验，在与风沙对抗的过程中渐渐摸索，三分种、七分管，是治沙人留下的重要经验，即在沙漠中栽树，管护是重中之重。如果缺少必要的维护，就会导致已经栽好的树、长好的草遭到破坏。总体上，从"一棵树，一把草，压住沙子防风掏"到"网格状双眉式"沙障结构，再到全面尝试"打草方格、细水滴灌、地膜覆盖"等新技术，无不体现以郭万刚为代表的治沙人坚持因地制宜、运用科学方法治沙造林。

八步沙林场治沙人的矢志不渝、拼搏奉献的精神，感染了一代又一代的人投入治沙造林的队伍中。当前，越来越多的大学生参与科学治沙的工作中，并运用互联网相关平台发动各方力量"云植树"，让更多的人了解、推动治沙造林工作。同时，每年还有大量的党员干部等参与义务治沙造林活动，年绿化面积1万亩以上，为中国的生态事业做出了巨大贡献。

治荒也要致富

荒漠化是建设生态文明、全面建成小康社会的突出短板，改善沙区生态，消除沙区贫困，促进区域经济社会可持续发展，仍然任重而道远。治沙造林只是第一步，还要向沙地要效益，让百姓的腰包鼓起来。从"沙进人退"到"人进沙退"，林场几代人持续的接力、科学技术与奋斗精神的结合、生态与经济的并重，让沙漠变成绿洲。

治沙带来的生态效益和经济效益正在凸显。企业化转型使八步沙林场走上了市场化治沙之路，通过竞标国家的重大生态建设工程，探索"以农促林、以副养林、农林并举，科学发展"的新路子，以"公司+基地+农户"的模式成立林下经济养殖合作社，种植林下经济作物，养殖"溜达鸡"，昔日寸草不生的沙漠，变成了当地群众增收致富的"金山银山"。

八步沙林场的发展与变迁，既尊重了科学治沙造林的规律，将曾经的黄沙荒漠变成了今天的林海绿洲，又独具创新意识，开拓出治沙新路，切切实实做到了环境与效益兼得，生动书写了从"沙逼人退"到"人进沙退"的绿色篇章。绿色发展，久久为功，永不懈怠，咬定青山不放松，八步沙林场几代人忠实践行了"绿水青山就是金山银山"理念，让天更蓝、水更清、地更绿。

（三）国家公园里的巡护员

来龙去脉

2021年10月12日，国家主席习近平在以视频方式出席《生物多样性公约》第十五次缔约方大会领导人峰会并发表主旨讲话时指出，中国正式设立三江源、大熊猫、东北虎豹、海南热带雨林、武夷山等第一批国家公园，涉及青海、四川、海南等10个省份，保护面积达23万平方公里，涵盖近30%的陆域国家重点保护野生动植物种类。

国家公园的设立实现了重要生态区域的整体保护，涵盖了所在区域典型自然生态系统以及珍贵的自然景观和文化遗产，保护了最具影响力的旗舰物种。

在每个国家公园，都有这样一群人，他们巡护、监测、记录……见证着国家公园的成长，奋斗在美丽中国建设的第一线，绘制着他们心目中的现代化中国的美丽画卷。

庞明建：为守护"冰墩墩"，巡护山林30年

"咔嚓"一声，庞明建陷入齐腰深的雪里。他艰难地拔出脚来，下一脚又踏空。在雪地里挣扎着，反复跌倒又爬起。直到攀着树枝，踩上一块稍稍坚硬的冰雪，在树枝折断前转移重心，站稳，带领队伍继续往前走。

庞明建是大熊猫国家公园的一名巡护员，在雪山深处巡护，踏空、摔倒，对于他来说，是工作中再正常不过的事情了。

巡护路沿途覆盖着冰雪，有的积雪松散，厚度超过1米，人走在上面，往往会一脚踏空，陷进雪里，或是从陡峭的山坡上滑落，直到被队友拉住，或是被树枝和藤蔓拦住。

路边的竹子根系坚韧，是巡护员常用的"登山杖"，抓着它们可以防

止摔倒。但干燥的树枝容易折断，折断后便成为锋利的"匕首"；有些树枝带着尖刺，轻轻一握，便能刺破皮肉。漫漫登山路，到处都是积雪，为了安全，巡护员往往是抓树枝—刺伤—再抓树枝。

抵达目标区域后，庞建明和队员们查看摄像机影像。一只成年大熊猫出现在画面中，憨态可掬，一路晃着脑袋，摇着屁股。画面时间显示，它刚刚在半小时前从这里走过。这并不是第一次捕捉到大熊猫身影。此前，该区域多台红外相机都曾拍摄到大熊猫的画面。

巡护员们常常能看到那些可爱的"冰墩墩"在摄像机前"卖萌"、戏耍。比如，在一处摄像机画面里，一只大熊猫于2021年12月31日11时52分近距离出现在镜头前。胖乎乎的它满身冰雪，先嗅了嗅附近的树干，在一个雪堆上趴下，又在树皮上蹭起了痒痒、做记号。不一会，又踱着步子走向另一棵树，用同样的姿势在树皮上左蹭蹭、右蹭蹭。

据悉，近年来，在大邑区域拍摄到的大熊猫身影逐年增多：2017年大邑县西岭镇大飞水电站，晚上该站视频监控拍摄到一只野生大熊猫，在大飞水电站前池活动；2018年3月，海拔1700米，一只亚成体大熊猫挂在高高的树上；2018年5月，海拔1400米，一只成体大熊猫跑进村民种的竹林偷竹笋……

"这些痕迹，表明该区域大熊猫活动非常频繁。"庞明建欣慰地说。

大熊猫生活的核心区竹丛茂密，动植物种类丰富。这样的环境，适合大熊猫等动物生存，但并不适合人类涉足。外来人员如果没有当地向导帮助，很有可能难以通过狭窄、陡峭的小路，甚至遭遇生命危险。

庞明建已在这片山林行走近30年。他是一名退伍军人，从事森林防火，打击盗采。2021年，随着大熊猫国家公园的成立，他开始成为大熊猫国家公园大邑管护总站一个管理站的森林巡护员，重点负责大熊猫国家公园在西岭镇区域的巡防工作。他工作的管理站位于西岭镇，海拔约2200米。

巡山工作艰苦、费力，但庞明建热爱大山，他说，"在这里可以看到壮丽的风光，有自由的感觉。"

近些年来，庞建明明显感觉到，曾经的保护区，如今的大熊猫国家公园，生态环境变好了，大熊猫变多了，当地居民也更支持、配合环境保护工作了。想到这些，庞明建感觉自己的工作干劲更足了，那些难走的山路也因为可能会遇见憨态可掬的"冰墩墩"而变得步伐轻盈了。

东北虎豹国家公园的女子巡护队

2019年，黑龙江省东宁市林草局想利用女生心细的优势，把清除猎套和巡护工作做得更细致一些，决定组建女子巡护队。4月，7位女护林员组建了东北虎豹国家公园里第一支女子巡护队。

男巡护员们刚开始都以为姑娘们只是好奇，想跟着去山里溜达溜达，等新鲜劲过去，就跑回家了。没想到，这一坚持，就是三年。

三年里，女子巡护队队员们每天固定时间出现在大山深处。她们每天至少徒步5公里，最多的一次徒步12公里。山地徒步和平地徒步完全不是一个概念，有的山陡得接近直上直下，冬天，队员们只能用刀在冰上砍出一个个小坑，手脚并用向上爬。

爬山坡，钻树丛，蹚河蹚雪，给山林中的野生动物补饲点添粮加料，清除猎套，维修维护远红外摄像机，她们丝毫不逊于男生，于是多了个外号："梳着马尾辫的汉子"。

成为巡护队员，姑娘们面对的第一个难题是学会"清套"。猎套便宜，几毛钱就能买一个。小动物的腿卡在里面，越挣扎套得越紧，更致命的是套住动物的脖子，使它们无法呼吸进食，甚至在挣扎中被勒断脖子。很多时候等到队员们赶来的时候，猎套上只剩下小动物的残骸。"太绝望了。"女子巡护队队员白雪往往会不自觉代入小动物的心理。

老护林员们手把手教她们盗猎者的特点：下套的都是周边村子的村民，冬天没有脚印的地方也就不容易有猎套；从山上到河边的小路是队员们需要关注的重点，因为这是野生动物们喝水的必经之路。

有一次白雪和同事碰到一大片猎套，盗猎者知道小动物们需要补充盐分，就在泉水旁撒上盐粒，将树枝零散地插在地上做伪装，等待动物上钩。那一次白雪她们捡拾了几十个猎套，太重了带不走，两个女生拿根树枝把猎套串起来扛着走。

年久生锈的铁套像枯树的树皮，连巡护队员们都会偶尔"中招"。徐春梅曾一脚踩进猎套里，还有一位男护林员弯腰扒着灌木走的时候，差点被猎套套住脖子。

徐春梅最喜欢山林里的梅花鹿，她觉得公鹿的鹿角很漂亮，鹿群又有灵性又可爱。有一次，其他林场送来一只奄奄一息的梅花鹿，它的腿可能是被猎套勒得坏死了，一挤都是脓，散发着恶臭味，徐春梅看着心疼极了，但它最终还是没被救过来，徐春梅至今记得那只鹿可怜的小眼神。

雪地里的猎套固然危险，但踩夹则更甚，人如果踩上踩夹，腿都会直接被夹断。发现并清除猎套、踩夹，救护受伤的动物，姑娘们一忙，往往就是一天。

在山林里转久了，白雪觉得自己会不自觉地去关心这些野生动物。她不理解，人们吃点啥不好，为什么非要吃这些野生动物？

现在，巡护队分为四支小队，轮流上山，为了她们的安全，林草局还会抽调两三位男护林员跟姑娘们一起巡护。每天山上都有巡护队的人，附近村庄的老百姓知道了，就不敢轻易去放置猎套、踩夹。她们也会走进村庄，挨家挨户发放宣传册，走进小学给孩子们讲述保护野生动物的重要性。

三年间，巡护队员们清除了1万多个猎套，堆放在林草局朝阳沟林场的盗猎工具储存库里。有了她们的宣传，猎套的数量也在降低，有时候上山一天也捡不到一个。

猎套、踩夹，伤人却不容易致命，而踩空积雪、冰雪路滑，往往是要命的。

2021年2月，徐春梅便经历了一次命悬一线。那天，她和同事进山维护远红外摄像机。由于刚刚下过一场大雪，山路被积雪覆盖。爬山途中，她脚底一滑，整个人仰倒在悬崖边，头朝下，向下滑。危急之间她抓住了悬崖边上的大树，一动也不敢动。悬崖距离地面近500米，下面就是中俄界河。其他队员赶紧抓住她的腿把她拽上去。徐春梅获救了，也吓坏了。晚上回家，她都没敢告诉爸爸这件事。很久之后父亲才知道了女儿的经历，他很担心，觉得巡护员的工作十分危险，劝女儿放弃这份工作。徐春梅只是告诉他："没事，以后多注意就好了。"

现在上山，巡护队员们发现，猎套、踩夹少了，小动物们也没有那么怕人了。狍子看到人，扭个头瞅一眼再蹦走。梅花鹿看到人，不紧不慢地啃着路边的小嫩芽，和人对视十几分钟。她们知道，这是动物没有被伤害过的表现，所以它们才不怎么怕人。

2021年10月，经历四年试点之后，东北虎豹国家公园正式成立。据统计，东北虎豹国家公园内的野生东北虎、东北豹数量已由2017年试点之初的27只和42只分别增长至50只和60只，监测到新繁殖幼虎10只以上、幼豹7只以上。

每个国家公园的设立、建设，都离不开巡护员们的默默付出和奉献，他们或是别人的丈夫、兄弟，或是别人的闺女、妻子，但他们都有一个统一的身份——国家公园巡护员，他们默默奉献于大山深处，与熊猫、鹿群为伍，与草木、风雪做伴，从事着普通却意义非凡的工作，他们向往富强、民主、文明、和谐、美丽的现代化，他们信仰社会主义现代化建设的美丽底色。

（资料来源：《人民日报》《新京报》）

📖 事中有道

国家公园展现生态之美

国家公园的设立是中国进一步加大力度，推进自然生态保护、保护生物多样性的切实行动。我国第一批设立了三江源、大熊猫、东北虎豹、海南热带雨林、武夷山等5个国家森林公园，都处于中国生态安全战略格局的关键区域，涵盖了所在区域典型自然生态系统以及珍贵的自然景观和文化遗产，保护了最具影响力的旗舰物种。

我国的国家公园覆盖面积巨大，大多跨地域乃至跨省域，地处偏远、人口密度较低，资源处于实际上的无主状态，不能得到合理利用，生态难以有效维护。与传统的自然保护区相比，国家公园是保护具有国家代表性的自然生态系统，具有全球价值和国家象征，国家公园的保护范围更大，生态过程更完整，管理层级更高。有的是针对重要的自然保护区，比如三江源国家公园；有的是针对某些珍稀动物的国家公园，比如大熊猫国家公园；有的是针对东北虎和东北豹在我国境内的活动都比较少，面临十分严重的生存问题，比如东北虎豹国家公园；有的是针对热带雨林由于植物的蒸腾作用，降水非常丰富，适合几乎所有类型的陆地生物生存，比如海南热带雨林国家公园；有的是针对常绿阔叶林、针阔叶混交林等植被类型，属中亚热带季风气候区，比如武夷山国家公园。

国家公园是自然生态系统最重要、自然景观最独特、自然遗产最精华、生物多样性最富集的区域。通过建设国家公园，可以投入更多的人力物力，对区域内的野生动植物进行更精细地排查，然后确定不同物种的保护级别，通过改善生态的方式调节野生动植物的数量，保持自然生态系统的原真性和完整性，保护生物的多样性。

国家公园里的最美守护者

我国的国家公园不是要建成无人区，也不是隔离区，更不是人为设定的禁区，而是要建成生态保护和生态游憩、生态体验相得益彰的自然生态高地。国家公园划为核心保护区和一般控制区，一方面用于科学研究、考察和相关的检测活动，另一方面用于对游客和公众开放，满足人们亲近自然的要求。

第一批国家公园正式设立，掀开国家公园建设新的一页，首要工作是做好规划，正确处理好保护与发展的关系。国家公园需要进行有针对性的自然保护、生态保护和修复，加强保护站点、巡护监测、科研宣教等基础设施建设，开展以巡山巡护、野外监测、环境整治为主的巡护工作，保护野生动植物资源，引领整个自然保护地体系发展。

做好巡护工作也是在保护自己的家园。由于国家公园的管护范围较大，辖区内野生动物栖息地、森林草原等重点区域的基本情况要及时关注，以便及时排查各类隐患，确保园区内野生动植物资源安全。巡护员们一般都有固定和不固定的巡护路线，他们要自带干粮、水壶等必备护具，置身于荆棘丛生、陡峭难行的山林中，检查保护区中是否有人走入，是否有对环境、动植物进行破坏或者对动物有威胁的行为等等，进行实时周密的监测，以保证区域内的生态环境得以良性存在和发展。这是一份艰苦且充满危险的工作，无论是守护"冰墩墩"的庞建明，还是东北虎豹国家公

176

园的女子巡护队，认真履行管护职责，为维护生态环境安全，用自己的实际行动全力筑牢生态安全屏障，守护好国家公园的绿水青山。

于国家公园处遇见美丽中国

国家公园建设，是推进自然生态保护、建设生态文明和美丽中国的重要举措。中国建设国家公园，就是要把自然生态系统最重要、自然景观最独特、自然遗产最精华、生物多样性最富集的部分保护起来，保护自然生态系统的原真性和完整性，给子孙后代留下绿水青山和金山银山。同时，国家公园扩大了保护的范围，将原本独立的保护区连接起来，有利于物种繁衍，也为建设人与自然和谐共生的现代化发挥了重要作用。

国家公园坚持生态保护，实行严格保护，同样肩负改善民生等重任，还要充分发挥科研、教育、游憩等综合功能。首批公布的国家公园，当地群众通过生态补偿、公益岗位、发展特色产业等方式增加了收入，实现了生态保护与民生改善共赢，让绿水青山转化为金山银山，推动人与自然和谐共生。随着国家公园的建设，通过改善生态的方式扶贫，发展多样性的农牧业、旅游业，增加就业，成为我国脱贫攻坚中重要的一环。人不负青山，青山定不负人。

将环境保护、生态建设与经济发展、乡村振兴结合起来，调动当地群众积极参与保护工作中来，加强巡护交流互通，增强保护生态的获得感，提升国家公园的管理能力。此外，不断提升国家公园周边群众生态保护意识，深刻认识建设国家公园的重大意义，及时回应社会关切，创新宣传方式方法，学习借鉴国外管理、保护、自然教育等方面的先进经验，充分利用各类媒体平台，讲好中国国家公园故事。

（四）"人不负青山，青山定不负人"：生态护林员

来龙去脉

习近平总书记指出："人不负青山，青山定不负人。"绿水青山既是自然财富，又是经济财富。守护了山林，就是保护了生态，就是保住了乡村振兴和农业农村现代化的"金饭碗"。

党的十八大以来，中国从中西部22个省份有劳动能力的建档立卡贫困人口中选聘了110.2万名生态护林员，走出了一条生态补偿脱贫的新路子，实现了生态保护和脱贫增收"双赢"。

生态护林员们不甘贫困，积极响应国家号召，努力奋斗，尽忠职守，在生态保护一线扛重活、打硬仗，做出了不凡业绩；他们用情、用心、用力做脱贫攻坚的先行者和带头人，带领人民群众奔向农业农村现代化的美丽中国。

一人就业，全家脱贫

"这份工作撑起了这个家，咱得好好干！"

"马上就是清明节了，正是春季防火高峰期，不能有丝毫懈怠。"早上6点不到，王明海穿上迷彩服和巡护马甲，戴好生态护林员卡和红袖标，骑上电动三轮车，开始了一天的巡护工作。晚上7点，天色已黑，他才返回家中。

王明海是吉林省汪清县汪清镇沙北村村民，他非常珍惜护林员这份工作。2019年4月，他骑车上管区途中和迎面驶来的车辆碰撞，肋部软骨受伤。镇林业站站长嘱咐他在家好好休养，可刚过两天，他就正常"上班"了。

"这份工作撑起了这个家，咱得好好干！"这句话王明海经常挂在嘴边。由于妻子患重病，医药费掏空了单薄的家底，王明海自己也常年受高

血压、风湿病困扰，因病致贫。

"自从当上了生态护林员，我每年有1万元的稳定收入，再加上种地收入，我家脱贫稳稳的。"现在，王明海一家住进了两室一厅的楼房，家里还买了电视机和冰箱，日子过得有滋有味。

生态护林员这份工作，不仅让山西省平陆县洪池乡南王村的岳定国脱了贫，还让乡亲们都对他竖起大拇指夸赞："自从当了护林员，定国真是大变样！"

岳定国曾一度对生活失去了信心。妻子罹患食道癌，医治中欠下外债后撒手人寰，留下三个孩子，其中两个还在上学。"那时真感觉就像天塌下来一样，这穷窟窿啥时才能填上啊？"岳定国两个月不出家门，整日在家唉声叹气、忧心忡忡，乡亲们都替他捏把汗。

2016年11月，岳定国被纳入建档立卡贫困户，当年年底被聘为乡里的生态护林员。每年1万元的稳定收入让岳定国重新燃起生活的希望，他振作起来，每天巡山护林，GPS巡护平台考核达标率达到100%。

岳定国重新拾起了家里的农活，利用护林员工资购置化肥，种起了苹果，去年全家收入达8万多元，不仅脱了贫，还致了富。"如果没有生态护林员这份工作，就没有现在的我。"岳定国感激地说。

一人就业，全家脱贫。110多万名生态护林员上岗，通过护林看草、家门口就业，精准带动300多万贫困人口脱贫增收，实现了"生态补偿脱贫一批"。

保了生态，富了口袋

"护林员工资让我脱了贫，发展产业让我致了富。"云南省贡山独龙族怒族自治县生态护林员李玉花护林之余，利用产业扶贫政策，种起了草果、黄精、重楼、茶叶、葛根，还养起了蜜蜂，2020年收入超过10万元。

大家富，才算富。2018年在全村率先脱贫后，李玉花发动乡亲们学习种中草药、养蜂等技术。在产蜜季节，她还邀请有养蜂意愿的村民全程参与割蜜、过滤、出售等环节，带动多户村民开启"甜蜜产业"。"越来越多的村民靠山吃山，越吃越香。"李玉花说。

"这片山林就是一个'绿色银行'。"贵州省湄潭县鱼泉街道办事处土塘村生态护林员陈力之，在守护好林子的同时，带头发展起林下种菌、林下养鸡等林下经济，还牵头成立了贵州力之孵化有限责任公司，带动乡亲们一起发展家禽养殖，带动三户脱贫户稳定就业。

"我们两口子一起上下班，打工顾家两不误。"张政超、吴忠生夫妇是孵化公司员工，每年两万多元的工资让一家人的日子过得有滋有味。下一步，陈力之打算继续壮大林下经济，"带领更多乡亲一起护好绿水青山，做大脱贫靠山"。

技术在手，脱贫致富不愁。核桃是重庆市城口县明中乡的脱贫主导产业，过去由于缺乏管理，产量不高。云燕村生态护林员黄永健是个有心人，他在做好护林工作的同时，学习掌握了核桃种植管理技术，每年组织十多次技术培训，指导乡亲们对退耕还林的核桃树进行病虫害监测防治、修枝整形、剪枝嫁接。在他的带动下，乡里的核桃产量、品质实现了"双提升"。"多亏了老黄的指导，现在我也成了'明白人'，去年核桃大丰收，收入上万元！"脱贫户杨安国高兴地说。

护林看草不仅让生态护林员脱贫致富，也让他们找到了一个可以发光发热的平台。一批批生态护林员成了技术能手、致富带头人，在他们的示范引领下，生态产业蓬勃发展，越来越多的脱贫群众在护好绿水青山的同时鼓起了口袋。

做树的"代言人"、山的"活地图"

翻开河南省新县泗店乡最美生态护林员孙绍兵的巡护日记，哪里的树被风刮倒，哪里的桥涵被水冲坏，哪里的树发现了病虫害，都记得清清楚楚。管护区内的每条山路上、每片山林里都留下了他的足迹。村民们说："他是树的'代言人'、山的'活地图'。"

"当了大半辈子农民，只顾管好自家的一亩三分地，现在当了生态护林员，我要负责全村的森林安全，担子不轻啊！"不久前，孙绍兵在巡山途中发现两名外地人在山中休息、抽烟，上前询问，得知他们是想挖几棵兰草花回家种养。

孙绍兵一点不含糊，上前劝阻："我是乡里的护林员，政府严禁乱挖乱采花草树木，而且你们还在山中抽烟，稍不留神就会引发火灾。"二人听了孙绍兵义正词严的劝诫，下山离开了。"虽然我能力有限，但政府聘我当生态护林员，就是对我的一种信任，我当然要尽自己的责任。"孙绍兵说。

挖坑、种苗、回填……眼下，正是春季造林时节，江西省遂川县五斗江乡庄坑口村生态护林员蓝先华带着造林小分队成员忙个不停。

"护林让我脱了贫，我要让大山更绿。"头脑活络的蓝先华积极与村里的龙泉林场五斗江分场对接，接下了林场2000多亩林地的造林抚育工作，平日管护、芟杂，冬春季植树增绿。为完成好林场的造林管护任务，蓝先华组建起了一支以脱贫户为主的12人造林小分队，2019年他们造林267亩，2020年造林459亩。

绿水青山是乡亲们的致富靠山

清明时节临近，做好森林防火尤为关键。每到这时，甘肃省天祝藏族自治县安远镇柳树沟村生态护林员朱生玉就会背着干粮整天在管护区内巡护蹲守。

在柳树沟村，提起朱生玉，乡亲们都会竖起大拇指。他对工作认真负责，挨家挨户上门，面对面宣传防火知识，自己写标语、立警示牌，告诫群众不要带火种进山入林。数年来，他所管护的责任区，从没发生过森林火灾，也没出现过乱砍滥伐的情况。

此前，有亲戚邀请他外出务工，收入比当生态护林员高好几倍。"绿水青山是乡亲们的致富靠山，脱了贫更要管护好它。这里的一沟一壑、一草一木，没人比我更熟。"朱生玉婉拒了亲戚的好意，巡山护林干得更起劲了。

麦麦提·麦提图隼是新疆于田县先拜巴扎镇乔克拉村的生态护林员。近些年，村里计划继续造林增绿，乡亲们种下的红枣、核桃需要加强管理、提高品质。"作为生态护林员，我得带好这个头。"麦麦提·麦提图隼说。

学好才能干好。在村里，麦麦提·麦提图隼爱学习、勤钻研是出了名的。2018年被选聘为生态护林员之前，他对林业知识、林果管理技术知之甚少。为了补上短板，他跑图书馆找书看，哪里有培训班，就追着去哪里听，还利用自家的5亩核桃园进行实践，核桃亩产由五六十公斤提高到200公斤。现在，乡亲们都亲切地称麦麦提·麦提图隼为"土专家"。

"脱了贫摘了帽，好日子这才刚刚开始呢，还得好好干。"麦麦提·麦提图隼说，种林果保生态又富口袋，乡亲们一起努力，乔克拉村一定能成为瓜果飘香、生活富裕的好地方。

以山为家、以林为伴，爱绿护绿让最美生态护林员们摆脱了贫困。眼下，他们干劲更足，发展动力更强，更加精心地呵护绿水青山，更加坚毅地探寻生态致富路。

"全面推进乡村振兴，我们生态护林员责无旁贷"

脱贫攻坚取得胜利后，全面推进乡村振兴，这是"三农"工作重心的历史性转移。乡村生态振兴，生态护林员们成了生力军。"保护生态是我们的本职工作，当然要做好。但这还不够，必须发动广大村民积极参与。"广西龙胜各族自治县三门镇大地村生态护林员谭周林，俨然成了村里的生态文明"宣传大使"，走到哪里都把生态保护挂在嘴边。"现在乡亲们的生态保护意识明显强了，乡风更文明了，我的工作也好做多了。"谭周林说，现在有村民想在自家山林里砍两棵树用来装修，都知道要先去申请采伐许可证。

乡村要振兴，生态宜居是关键。在龙胜，生态护林员成了人居环境整治的积极推动者。最近，谭周林和村委会成员一起挨家挨户上门，动员、协助村民清运垃圾、清理污水塘沟、清洁养殖圈舍。谭周林说："建设美丽家园，要大家一起动手，全面推进乡村振兴，我们生态护林员责无旁贷。"

春意渐浓，生态护林员们忙着巡山护林，他们没有豪言壮语，也没有惊人壮举，他们只是默默地用日复一日的工作，管护着近9亿亩林草资源，守护着华夏大地的青山绿水和蓝天白云，让自己的身影成为绿水青山间的亮丽风景，让绿水青山带领着老百姓们奔康致富，迈向乡村振兴和农业农村现代化的美丽中国。

（资料来源：《人民日报》）

事中有道

一心护林，厚植生态底色

一个人，一片林，一条路，一座山……生态护林员的工作繁杂琐碎，穿梭于山间小路、田间地头和村头路尾，以山林为伴，巡护山场森林资源，制止乱砍乱挖乱捕，严防杜绝火灾隐患，留心观察，注重病虫害防治。无论酷暑还是寒冬，生态护林员从未间断巡护，用脚步丈量守护的林区，辛勤守护、默默奉献，用勤劳和智慧创造"金山银山"。

好钢用在刀刃上。脱贫有门路，青山有人守。生态保护补偿机制为生态脱贫提供重要物质支撑，因地制宜、绿色发展，走的是一条脱贫攻坚与生态文明建设"双赢"的新路。生态保护补偿是精准脱贫的重要手段，把生态保护补偿资金、国家重大生态工程项目和资金按照精准扶贫、精准脱贫的要求向贫困地区倾斜，向建档立卡贫困人口倾斜，从根本上找准了生态补偿的切入点，解决贫困地区生态工程建设资金不足、贫困人口因保护生态环境收入不高的问题，确保这些贫困地区生态屏障功能稳定。吉林的王明海、山西的岳定国等，在被聘为生态护林员后，积极地投入巡护工作中，能够领到工资，提高了收入，端着"金饭碗"，吃着"生态饭"。

坚守生态底线，厚植生态基础，既要"金山银山"也要"绿水青山"。贫困地区坚定不移走生态优先、绿色发展之路，通过生态扶贫，贫困地区群众依托当地生态条件，实现生态得保护，贫困群众增收入，生态扶贫成效显著，生态保护和脱贫增收实现"双赢"。

山川披绿，林海生金

保护生态环境就是保护生产力，改善生态环境就是发展生产力。秉持绿色发展理念和路径，经济发展和生态保护就可"金山银山与绿水青山兼得"。从长远来看，生态保护与经济发展并不是一道单项选择题，因人因地施策，因贫困原因施策，因贫困类型施策，通过扶持生产和就业发展，助力生态保护和经济发展"两不误"。生态环境本身就是重要资源，在保护中发展、在发展中保护，才能让可持续发展之路越走越宽。

贫困人口和大多数贫困地区分布在生态环境脆弱、敏感和重点保护的地区，生产发展多靠山吃山，生活生产方式粗放，根据各地区的资源优势，发展特色绿色产业，实现长效增收，让贫困群众稳定脱贫。脱贫攻坚必须跟环境保护结合起来，环境保护得越好，脱贫致富也就越好，践行"绿水青山就是金山银山"的理念，让山川披绿、林海生金。生态护林员是探寻生态致富路的生力军，是绿水青山的"代言人"和"活地图"。

多年来，我国坚守生态底线，厚植生态基础，既要"金山银山"也要"绿水青山"。立足当地资源禀赋，加强生态保护，推动绿色发展，让群众搭上了致富快车。思路一变天地宽，沙海也能翻绿浪，荒山也能成宝地。良好生态本身蕴含着无穷的经济价值，能够源源不断创造综合效益，实现经济社会可持续发展。坚定不移走生态优先、绿色发展之路，树立正确的发展思路，因地制宜选择好发展产业，我们就一定能让绿水青山充分发挥经济社会效益，让"生态美、产业兴、百姓富"成为现实。

绿色发展，乡村振兴

乡村要振兴，生态是关键。生态环境已经成为一个国家和地区综合竞争力的重要组成部分。生态护林员是公益性岗位，是护绿、爱绿的基础力量，是绿水青山的守护者和生态文明的践行者，职责是管护好森林，其重要性不言而喻，既保护了生态资源，又解决了脱贫就业问题，实现了一人就业，全家脱贫。总体上，生态护林员已经成为巩固脱贫成果和推进乡村振兴的一个有效衔接。

既保生态，又富口袋。以建档立卡贫困户人员为对象，精准开发生态护林员公益岗位走出绿色脱贫路。因地制宜科学发展种植产业，开展林业帮扶，积极引导农户充分利用林地资源，学习种植管理技术，对准帮扶政策和措施，找准扶贫路子，鼓励发展林下种菌、林下养殖等林下经济探索生态护林、产业扶贫、林权流转扶贫等脱贫致富新路径，开创一条"生态环境得保护、农民能脱贫致富"的新路子，进一步推进贫困户脱贫，助力农民增收致富。

绝对贫困问题解决了，相对贫困还将长期存在，把脱贫成果稳定住、巩固好不是一件容易的事情，绿色发展要全方位体现贫困地区产业发展，将生态产业链延伸到贫困家庭，从根本上挖掉生态致贫的"穷根"。通过做大生态效益补偿蛋糕、扩大全面保护天然林覆盖面、选聘生态护林员，开展生态补偿扶贫，促进贫困群众增收脱贫。生态环境越好，越有利于产业发展，清新的空气、宜人的气候、明媚的阳光卖出了好价钱，绿水青山正源源不断带来金山银山。

（五）"海底森林"的守护者

🔲 来龙去脉

如果不是亲眼所见，谁能把"海底森林"守护者与1969年出生、身高1.68米的黄晖联系起来？

二十年如一日，黄晖和她的团队或在南海海域野外科学观测、下潜海底保护和开展珊瑚礁生态修复研究，或建苗圃、种珊瑚。大海，是她誓要守护的生态版图；五彩缤纷的珊瑚、丰富多彩的海洋，是她心中不可或缺的现代化中国的美丽板块。

一片阔野

1988年，黄晖大二，她与同学第一次来海南，坐了一夜的长途大巴到三亚。黄晖说当时对珊瑚"并无感觉"，因为没有看到。只是觉得三亚的大海太宽阔了，一眼望不到边。

她第一次听说珊瑚这个品类，是考进湛江海洋大学（今广东海洋大学）以后。即便彼时，黄晖与珊瑚的距离还属于无法丈量的阶段——她学的是水产养殖专业，主攻项目是淡水鱼。

按照正常的轨迹，1990年黄晖毕业后回到江西工作，1993年到南昌水产研究所工作。"我记得有一座上下班要经过的八一桥，晚上黑灯瞎火的，觉得太可怕了，一定要考研考出来。"就这样，她考上了中科院南海海洋研究所研究生——继续学习水产养殖。

1996年，黄晖即将硕士毕业，一直未找到合适的工作。实习的时候，她再次来到海南省琼海市。

从那时候开始，她便与大海、海南结缘。

"关门"与开门

实习期满，黄晖的工作依然没有着落，时而在中科院南海海洋研究所院里闲逛。

"那天我遇到了研究所工会主席，听说我还没找到工作，跟我提到邹仁林先生，说他手底下正缺人。"

她当然知道邹仁林老先生——我国珊瑚礁生态研究领域的奠基人，当时年近退休，他的学生大多已出国。

两个性格直爽的人，经过交谈，黄晖成为邹仁林的关门弟子，为她打开了一扇通往另一个世界的大门。

"真的不是小窗口，邹老先生当时是这个领域的顶尖科学家。"

1997年，刚硕士毕业的黄晖来到三亚，她的第一项任务是进行珊瑚标本采集工作，摸清珊瑚礁"家底"。

这次三亚之行，让黄晖与珊瑚进行了近距离的接触，有一种感觉也在她心里萌动。

三年后，黄晖借调国家自然科学基金委工作，其间，接触了许多我国顶尖的海洋科学领域专家学者，他们潜心海洋科研的治学态度深深地触动了她。"我下定决心攻读博士学位，专门研究珊瑚礁。"黄晖说。

2002年，黄晖在西沙群岛潜水时，第一次见识了水下"热带雨林"的壮观，层层叠叠的珊瑚遍布其间。

"我觉得真是太漂亮了！珊瑚特别多，五彩斑斓，像陆地上的森林，又比森林的色彩美且灵动。穿梭、游憩其间的其他生物也很漂亮，海星啊，海胆啊，还有鱼。"

鱼翔"潜"底

虽然，黄晖常常将"不安全的东西多了，潜水并非高风险"挂在嘴边，但深入大海，毕竟与陆地不同，潜水整个过程充满风险，设备操作要熟练，否则在水底下出现意外情况很难联系到外界。

这些年，从福建、广东、广西到海南岛沿岸，以及西南中沙群岛等我国珊瑚礁分布区域，都留下了黄晖的足迹。

"下水很累。"黄晖说。每次潜水，要背四五十斤重的设备，通常一待就是1～2个小时，赶科研任务的时候一天下潜4次。"如果不小心碰到海胆被扎到，手会发炎肿胀，钻心地痛。"冬天潜水更受罪，出水的时候冷到"刺骨"，全身会发抖。加上长时间负重在海底作业的劳累，身体会透支。

克服困难，摸清"底子"

从海底到海上，晕船，是黄晖从业之初最大的挑战。海底作业几乎是每天的必修课，一天下潜两次是常态。刚开始不习惯，坐船到下潜海域还会晕船。

"那时候条件差，坐着破旧的小渔船到下潜海域，船上还有老鼠。风浪大船扛不住，于是人在船上吐，老鼠就在脚底下窜。"

2005年去西沙，黄晖和同事租了一条渔船，木头的，一天几千块钱，夜宿岛礁，早出晚归。"船真的好破，柴油船。船边好多汽油桶，我还纳闷，一问，是腌鱼用的。船家抓到鱼后放到里面，腌成梅香咸鱼。"

"午餐"就在船上解决。黄晖记得那次风浪大，胃里翻江倒海。

"你知道吗？那个鱼在桶里放得久了，拿出来的时候鱼身里面爬出好多蛆，吃饭之前要拿水冲一下，才敢下口。"

"同事就那样看着我，说你怎么吃得下。"一想起那个场景，黄晖忍不住笑了："不吃咋办？会饿。"

后来有人再问她在船上吐不吐的时候，黄晖都说"不吐"。"在海上长时间作业，不吃东西根本扛不住。"

海上海下，黄晖和同事克服了诸多困难，为的是摸清珊瑚的"底子"。

他们调查发现，海洋里的珊瑚礁正加剧退化，珊瑚已经遭到严重破坏，据调查统计，国内个别海域珊瑚覆盖由20世纪80年代的50%～60%骤减到20%～30%，如果环境继续恶化，珊瑚就会加速死亡，最后只剩下一堆毫无生机的"白骨"。

"那个时候我们就很急：哎呀，怎么办啊？"

在她的知识储备里，珊瑚礁在海洋生态系统中的作用如同森林之于陆地，重要性毋庸置疑。

"它们是海洋中生物多样性最高的生态系统之一，具有非常重要的生态功能、丰富的生物和渔业资源；具有保礁护岸的作用，可以抵御风暴潮流等对岛礁和海岸的侵蚀。"

黄晖想起那些自由游弋的好看的鱼。"海里的鱼等很多生物都把珊瑚礁当作'家'，在里面躲避风险，休养生息。所以珊瑚礁一旦被破坏，鱼类也就失去了家园，造成种群数量减少甚至灭绝等严重后果。"

修复，迫在眉睫。

珊瑚礁变成"累累白骨"

2005年以后，黄晖发现珊瑚礁退化得非常快。在人类活动的影响下，珊瑚礁被破坏得很严重，死去的珊瑚会"白化"，成为海底的"累累白骨"。

"珊瑚退化，是一个全球现象。"黄晖说，主要是全球气候的变化，尤其是厄尔尼诺现象，造成造礁珊瑚大面积白化。

她进一步阐释，造礁珊瑚虽然生活在亚热带地区，但特别害怕持续高温，水温不能长时间超过30度。

"1998年的一场厄尔尼诺，造成太平洋海域大量造礁珊瑚白化死亡；2015年底到2016年初的厄尔尼诺，造成澳大利亚大堡礁北部海域的造礁珊瑚大面积减少。"

同时，珊瑚礁的退化也受海洋酸化的影响。造礁珊瑚是通过碳酸钙等物质的不断沉积形成的，海洋酸化致使造礁珊瑚很难捕获到钙离子，导致退化。

除了大自然，破坏珊瑚的还有"我们"——人类。

黄晖讲，对我国的珊瑚礁而言，人类活动的影响远远大于全球气候变化。比如，海岸工程致使大量泥沙、沉积物注入海洋，导致水体浑浊。

"造礁珊瑚非常重要的特性，就是它与体内的虫黄藻共生，能量的主要获得方式是光合作用。水体浑浊的话，就会致使造礁珊瑚白化死亡。"

同时，海岸城市的排污，也会造成海水浑浊。海岸植被的破坏，也会在暴雨之后致使大量泥沙注入海水。这些都会导致海水浑浊，影响造礁珊瑚的光合作用，致使珊瑚礁退化。

另外，以前很多渔民并没有保护珊瑚的意识，他们一度滥捕，把鱼虾贝藻一网打尽，甚至把珊瑚都敲掉，这种对珊瑚礁资源无节制的破坏，也会击垮一个区域内的整个珊瑚礁生态系统。

黄晖形容当时"心急如焚"，直跺脚。"就是看到原来环境很好的地方，再下去，哎呀，珊瑚一下子全都死了，而且没什么生物，成荒漠了。那种场景让人刻骨铭心地难受。"

魔高一尺，技高一丈

珊瑚礁修复进入攻坚阶段，比拼的是专业程度。黄晖对此如数家珍。"珊瑚繁衍分无性和有性两种方式，目前珊瑚礁人工生态修复以无性繁殖为主。修复工作若想起效，关键得找对位置和方法。"

她表示，种树要看山坡阴阳面，种珊瑚也要因地制宜。比如在外礁坡还是内礁坡，是否有环礁、潟湖，水动力情况等因素，都要考虑。

而且，珊瑚生长速度缓慢，每年生长几厘米到十几厘米不等。加之生态系统复杂，稍不注意忽略某个变量，修复效果就不理想。

他们的担忧不无道理。真实的情况是，在海水动力较强的区域，未等珊瑚长成，水流就可能把珊瑚幼体冲走。已死亡的珊瑚被海水推得四处滚动，也会干扰幼体生长。幼苗放置点离人类活动区域过近，也会影响修复效果。

理清所有障碍后，2013年，黄晖等人在西沙晋卿岛用"底播"的方法进行修复：用塑料网盖住已经死亡的珊瑚，促使其迅速板结形成基底，再将珊瑚幼体固定在人造海床上。

2017年验收时，修复区的珊瑚数量已经明显多于未修复区，修复前每平方米2.5株的密度变成了每平方米19.3株。

这之前的2015年，在西沙赵述岛，黄晖的课题组采用"珊瑚苗圃"的方法让珊瑚幼苗更好地在海底扎根：水下放置一根PVC管，其他较短的PVC管以此为主干，再将珊瑚断枝一个个放上去。这样一来，珊瑚幼苗不会被沙子覆盖，也不会被长棘海星等天敌吃掉。

到了2019年，课题组在南海南部和西沙群岛建立的修复示范区面积共计300亩，珊瑚苗圃可实现每年供给珊瑚礁生态修复用珊瑚断枝4万余株。

把养殖的珊瑚送到海底，被黄晖形容为"在大海里种树"。在目前的实验室里，黄晖的课题组养殖了100多种珊瑚，有性繁殖30多种，无性繁殖60多种。

"常见常用的有三四十种，全部是'乡土树种'，我们喜欢做的是鹿角珊瑚，它是优势种和旗舰种。"

荣誉等身，不改初心

在黄晖和团队的努力下，珊瑚保护和修复工作得到了较大的社会关注，她的荣誉纷至沓来：荣获中国科学院杰出科技成就奖（突出贡献者）、广东省科技进步一等奖、海洋科学技术二等奖；入选中国科学院特聘研究员；获得中国科学院"2018年度感动人物"、生态环境部国家生态环境保护专业技术领军人才……

但黄晖最惦记的，还是海底的珊瑚。

这20多年里，她带领团队走遍了有珊瑚礁分布的中国海域，提出人工修复受损珊瑚礁的宏大构想，并摸索出适合不同类型珊瑚礁生态修复的技术方法；她带着团队研究掌握了我国海域20多种常见造礁石珊瑚有性繁殖过程，并在国内首次实现了人工培育珊瑚幼体，为珊瑚礁人工修复打下了坚实基础。

黄晖和团队的工作成果显而易见：在西沙群岛和南海南部共建立300亩修复示范区，可培育珊瑚断枝7万株的苗圃；在广东徐闻珊瑚礁国家级自然保护区，21万亩珊瑚绚烂多姿……

黄晖说：所以在我看来，珊瑚礁的保护和修复，需要的不仅仅是一个黄晖。这项浩大的工程，依靠的是全社会的关注和努力。对此，我充满信心。

习近平总书记强调"绿水青山就是金山银山"。黄晖说："这句话说得太对了。生态环境是我们所有资源的来源，珊瑚礁就是三亚的'金母鸡'。我们一定要保护好它，让海洋生态环境永续发展。"

黄晖、李秀保、刘国道……他们既是科研人员，也是"海底森林"的守护者，他们破浪于碧波、深潜于幽渊，不惧风吹日晒，也不怕负重潜行，保卫着蔚蓝大海下的缤纷珊瑚，维护着海底世界的生态平衡。他们也是别人的父母、丈夫、妻子、儿女，普通而平凡，坚毅又伟大，只因"心中有信仰，脚下有力量"，誓要为社会主义现代化的美丽中国拼齐海洋板块。

（资料来源：《人民日报》《三亚日报》，南海网）

事中有道

千里之行，始于足下

珊瑚礁是海洋中的热带雨林，是海洋生态中生物多样性最高的生态系统。它们不仅对海洋生态系统极为重要，而且对社会经济发展具有重要的经济意义。我国分布的珊瑚礁属于印度洋—太平洋植物群，位于世界上海洋生物多样性最高的"珊瑚礁三角区"北缘，分布广，纬度跨度大，是典型的热带、亚热带海洋生态系统。珊瑚礁可以承受海浪的巨大冲击，形成良好的缓冲带，很好地保护海岸线。同时，珊瑚礁也是各种鱼虾栖息和捕食的重要场所，在维护海洋生态系统方面发挥着重要作用。

黄晖与珊瑚礁的第一次近距离接触始于1997年，当时的主要工作是采集标本。这也是对我国的珊瑚礁进行一次彻底的调查，为她日后与珊瑚建立更密切的关系奠定了基础。由于对珊瑚的了解需要实地考察，多年来黄晖的足迹遍布我国广东、广西、福建、海南沿岸以及南海诸岛等珊瑚礁的主要分布地区，在这期间也面临诸多困难，海上晕船、潜水被扎、调研条件恶劣等都给她的摸底工作带来阻碍。与这些困难相比，调研结果才是让黄晖最担心的地方。

珊瑚礁是敏感而脆弱的海洋生态系统，是全球气候变化最敏感的环境指标之一。目前，全球约20%的珊瑚已经灭绝，全球三分之一的造礁珊瑚物种面临灭绝的威胁，世界上没有保存完好的珊瑚礁。预计到2030年，全球近60%的珊瑚将死亡。截至2010年，我国广东、广西、海南沿海的珊瑚礁近30年来因人为破坏和污染，已失去80%的造礁珊瑚种群，我国沿海周边的礁石，甚至近海礁石周边，珊瑚覆盖率从60%以上下降到20%左右。

黄晖发现，珊瑚礁退化已使珊瑚礁变成"累累白骨"，并继续受到威胁。在探究其背后的原因时，黄晖发现，虽然厄尔尼诺现象导致的海水持续变暖给珊瑚礁的生长带来了巨大的威胁，但除了自然因素外，一些人类活动也给珊瑚礁的生存带来了压力，如工业生产、非法排污等。拯救珊瑚、维护生态平衡迫在眉睫。

科技赋能，"植树造林"

修复珊瑚礁是应对珊瑚礁退化的重要手段，是我国海洋环境保护亟待解决的问题之一。珊瑚礁的退化不仅降低了其生态系统的生物多样性，也导致了珊瑚礁对岛礁和海岸线的保护功能降低，渔业产量下降、造礁和造岛能力消退等情况。因此，为了改变珊瑚礁的退化状况，珊瑚礁的生态修复已成为珊瑚礁研究领域的热点和重点。

修复不仅仅是简单的小修小补，而且需要借助科技手段，提高修复的专业能力。黄晖对此非常熟悉，并指出有效的修复工作需要找到合适的位置和方法，一是因地制宜，综合考虑自然环境，寻找适合珊瑚生长的区域，认真把握影响修复的各种变量；二是想办法防止珊瑚因生长速度慢而在成熟前被水流冲走的问题；三是充分发挥科技作用，系统运用"底播""珊瑚育圃"等一系列方法，在海中"植树"。"在海底植树"，就是在海底种植珊瑚，种植技术包括无性繁殖、有性繁殖、人工鱼礁技术等，但在海洋中"种树"的难度非常大，不确定性比较高。

经过不懈努力，黄晖课题组在南海南部和西沙群岛建立的珊瑚苗圃恢复示范区总面积300亩，为"植树造林"提供了4万多块珊瑚碎片进行生态修复，极大地提高了修复技术和能力。黄晖带领团队走遍了我国分布的珊瑚礁水域，更加坚定了人工修复受损珊瑚礁的想法，潜心研究珊瑚养殖修复技术，总结了不同类型珊瑚礁生态修复方法的长期工作，为海底"植树造林"创造了有利条件。

海底浪漫，"由白复绿"

归根结底，人工修复归根结底只是辅助手段，减少人类活动干扰，才是"养"好海洋生态的关键。珊瑚是地球上最古老的海洋生物之一，存在历史近五亿年。珊瑚虫在生长过程中会吸收海水中的钙质和二氧化碳，然后分泌出碳酸钙变为自己的外壳，当这些珊瑚虫聚集起来会逐渐形成岛屿和礁石，即我们所称的珊瑚礁。

当海洋升温，珊瑚失去了体内的能量来源虫黄藻，就会呈现白色，一旦珊瑚白化，意味着它时刻面临死亡。珊瑚退化会破坏整个海洋生态系统的生物多样性，同时也会使珊瑚礁对岛礁和海岸线的保护功能削减，渔业发展面临困境等。从全球范围来看，气候变化导致海水水温上升，在1998年至2021年共有五次对珊瑚礁大规模白化的危害。在黄晖看来，我国造礁珊瑚白化主要还是受人类活动影响大一些，主要包括向海里排放污水、海岸工程建造中导致的海水浑浊等，都会影响珊瑚的光合作用，最终因缺少生长必需的养分而白化死亡。

整体来看，珊瑚礁的保护和恢复不仅要依靠人工培育种植，还需要海洋生态系统的自我修复和循环。珊瑚礁知识普及工作也亟待完善，加强对珊瑚礁发展变化的研究，让全社会关注珊瑚的保护与修复。长期以来，人工修复珊瑚取得了显著成效。我国珊瑚礁的分布地区都在积极制定保护和修复珊瑚礁的相关建议，为这项关乎海洋生态的浩大工程保驾护航，为我们更好地践行"绿水青山就是金山银山"的理念添砖加瓦。

后　记

习近平总书记深刻指出："只有把自己的小我融入祖国的大我、人民的大我之中，与时代同步伐、与人民共命运，才能更好实现人生价值、升华人生境界。"中国建设社会主义现代化的伟大事业，正是无数普通小我将个人事业和梦想汇融入大我——祖国复兴的伟大梦想中汇聚而成的。每个人都了不起，每个人都有自己精彩的故事，了解平凡个体的奋斗历程，评析他们成就事业和梦想的经历，对于展示中国智慧，向世界展现可信、可爱、可敬的中国形象具有重要价值。同时，也对我们汇聚实现中华民族伟大复兴中国梦的磅礴力量，奋力建设社会主义现代化强国具有重要意义。

我们心中的现代化，应该是物质文明、政治文明、精神文明、社会文明、生态文明协调发展的现代化。本书根据全面建设社会主义现代化强国战略目标，按经济、政治、社会、文化、生态五大专题，讲述平凡人物为国家现代化奋斗的故事，其中有工人、农民、医生、教师、科研工作者、工程师等，他们将个人事业和梦想汇融进祖国复兴的大我之中，书中生动展现他们的现代化理念和家国情怀，探索分析社会个体如何通过自身发展和完善促进社会进步，通过实现人的现代化达到实现整个国家和社会的现代化。

本书将时代变化从现代化故事中自然引申而出，深化读者对现代化历程更深的认知和理解，行文风格力求绘声绘色、简洁明了，每小节采用分析经典案例的来龙去脉和提炼要点精髓的事中有道的两大模块进行阐述，避免使用晦涩难懂的专业术语。该书由中共中央党校罗平汉教授牵头编写，广州大学王鹏老师，暨南大学李钦老师，曾玉寒、廖智聪、伍茗欣、舒集几位编辑承担了大量故事整理和写作协调工作。广东人民出版社的钟永宁总编辑、卢雪华主任一直非常关心本书的编写出版并付出了大量心血，在此表示诚挚感谢！

编　者

2023年3月20日